더 나은 세상을 여는
대안경영

더 나은 세상을 여는

대안 경영

사람과 자연을 살리는 진정한 혁신

페터 슈피겔 지음 | 강수돌 옮김

다섯수레

발상의 전환은
희망을 만들어 낸다

"문제가 돈만이라면 어쩌면 견딜 수 있었을지도 모른다. 실은, 아무 희망이 없었다. 아내도 남편도 아이들도 말이 더 적어져 갔다. 남편은 대개는 술에 취해 들어왔고, 가끔 화장실에서 흐느끼는 소리가 들려왔다."

공지영 작가의 《의자놀이》에 나오는 한 대목이다. 쌍용자동차에서 "열심히 일한 죄"로 무급휴직자가 된 어느 노동자, 말이 무급휴직이지 사실상 해고된 것이나 다름없는 노동자의 삶을 이야기하는 부분이다. 그 부인은 남편의 뒷바라지를 열심히 하면서 '고생 끝에 낙이 올 것'이란 믿음으로 아이 둘을 키워 왔건만, 하루아침에 무급휴직자가 되어 날품팔이로 전락한 남편, 화장실에서 홀로 흐느끼는 남편을 보며 절망하고 또 절망한다. 세상이, 삶 자체가 한없이 원망스러웠을 것이다. 마침내 이 여성은 아이들과 남편이 있는 앞에서 아파트 창문 아래로 몸을 던지고 만다. 자본과 권력이 인간성을 유린하는 현실에 맞선 저항이었다. 이것이 오늘날 대한민국의 현실이다. 하루 자살자만 해도 42명이 넘는다. OECD 30여 개 나라 중 단연코 1등이다.

바로 여기서 우리는 질문을 던질 수밖에 없다. 이런 식으로 열심히 일하다가 하루아침에 헌신짝처럼 내버려져도 좋은가? 다른 길은 없는가? 모두 즐겁게 일하고 행복하게 사는 길을 만들 수는 없을까?

독일 베를린의 제너시스 연구소 소장인 페터 슈피겔은 "힘들지만, 가능하다!"고 말한다. 세상이 제아무리 척박하게 돌아간다 해도, 세계 경제가 우리네 삶을 아무리 만신창이가 되도록 짓밟는다 해도, 희망을 만들 새로운 길은 있다. 다만, 발상이 바뀌어야 한다. 경제와 사회를 조화롭게 만들어 보자는 발상, 그리고 경제와 사회에다 생태까지 조화롭게 해 보자는 발상, 바로 이것이야말로 기존의 패러다임을 근원적으로 바꿀 새로운 방식이다. 그렇게 되면 사람과 사람, 사람과 자연이 서로 지배나 억압을 가하지 않고, 서로 분열되거나 소외되지 않고 하나의 가족처럼 살아갈 수 있다. 이러한 발상의 전환에는 인간성에 대한 무한한 신뢰와 사랑이 깔려 있고, 세상의 모든 살아 있는 것에 대한 존중과 겸손이 깃들어 있다.

이 책에서는 크게 두 가지 접근 방법이 제시된다. 하나는 소셜 비즈니스(사회사업) 방식이고, 다른 하나는 소셜 임팩트 비즈니스(사회 혁신적 사업) 방식이다. 이 둘의 근본적 차이점은 투자자에게 배당금을 주는가 여부이다. 전자는 하나도 주지 않는 것이고 후자는 최소한만 주는 것이다. 전자의 경우는 공동체에 좋은 일을 하며 사회 기여를 한다는 느낌, 즉 보람이 곧 배당금이다. 반면에 후자의 경우, 최소한의 배당금을 보장함으로써 기존 기업들의 참여와 협력을 이끌어 낼 수 있는 장점이 있다. 그렇게 되면 많은 기업이 평소에는 온갖 나쁜 짓을 하다가도 이른바 '기업의 사회적 책임'을 다한답시고 여러 가지 위선적인 모습을 보이는 잘못을 예방할 수 있다.

전자의 사례는 우선 방글라데시 무함마드 유누스 총재의 '그라민(마을) 은행'을 들 수 있다. 그라민 은행은 세상의 가장 가난한 사람들조차 절망과 비관을 넘어 희망과 낙관으로 삶을 새롭게 시작할 수 있음을 보여 준다. 인도의 G. 벤카타스와미가 주도한 아라빈드 클리닉은 백내장 환자들에게 수술 과정 혁신을 통한 무료(또는 실비) 시술을 행함으로써 수많은 사람에게 희망을 주었다. 독일 뒤스부르크의 프랑크 호프만은 맹인들이 손 감각이 뛰어나다는 점에 착안하여, 여성 맹인이 여성 유방암을 조기 진단하게 함으로써 장애인과 환자 모두의 삶을 획기적으로 변화시켰다. 아프리카의 짐바브웨에서는 식민지 통치자들이 심은 히아신스 때문에 바이오매스 처리 문제나 물가 오염 등 여러 생태적, 사회적 문제가 발생했다. 사회 혁신가들은 히아신스가 버섯 재배에 도움이 된다는 점을 발견하고 히아신스 쓰레기 더미를 처리할 좋은 방법을 개발했다. 가난한 지역민들에게 저렴하면서도 영양이 풍부한 버섯을 공급하고 강변의 생태계도 정화하면서 새로운 일자리도 만드는 일석삼조의 효과를 거둔 것이다.

후자의 사례는 '그라민 다농'인데 방글라데시의 유누스 총재가 프랑스의 다국적 낙농 기업인 다농과 협력하여 세상의 가장 가난한 사람들에게 영양소를 고루 갖춘 요구르트를 개발해 매우 저렴한 가격으로 제공한 것이다. 그리고 일정한 기한이 지나면 그 사업체는 그라민 그룹으로, 즉 가난한 마을 공동체로 귀속되게 했다. 또한 마틴 우틀리 요양원은 독일의 치매 환자들을 타이에 자리한 요양원에서 편히 지낼 수 있게 함으로써 지나치게 높은 가격 문제와 돌봄 서비스의 질 문제를 동시에 해결했다. 타이의 간호사들이 환자나 노인에게 특별히 친절한 마음으로 대할 뿐 아니라 제반 비용이 유럽보다 훨씬 저렴하다는 사실에 착안한 것이다.

이 모든 해법은 결국 경제와 사회, 그리고 생태 문제를 서로 분리해서 보기보다 처음부터 하나의 통합된 문제로 보기 때문에 가능하다. 생각건대 지금까지는 인간의 삶에서 경제 문제를 해결하느라 사회적 측면이나 생태적 측면을 경시해 온 경향이 있다. 요컨대 우리는 인생의 문제를 부자가 되기만 하면 모두 해결되는 것으로 생각해 왔다. 나라 차원에서는 경제 성장 또는 경제 개발을 통해 부국 또는 강대국이 되는 것이 국정 목표였다. 그러나 그 와중에 사람들은 인간다움을 추구하기보다는 자신의 몸값을 높이고 출세하는 데만 혈안이 되었고, 사회 전체는 더불어 행복한 사회가 아니라 사회적 약자나 자연 생태계를 무자비하게 희생시켜 극소수만 잘사는 양극화 사회, 위험 사회, 파괴 사회로 치닫고 말았다. 만일 우리가 이런 현실을 솔직히 시인한다면 지금부터라도 경제(효율성), 사회(인간성), 생태(순환성)를 통합적으로 보는 새로운 해법을 모색해야 한다. 그렇지 않으면 우리 자신이나 후손들에게 미래는 바로잡기 불가능할 정도로 암담해질 것이다. 글머리에 인용한 노동자의 현실이 그런 절망과 비관을 상징한다. 결코 남의 일이 아니다.

이 책은 우리가 더 나은 세상을 만들기 위한 구체적인 꿈을 꾸고 실제로 이를 구현하는 데 지침이 될 사례들을 풍부하게 제시한다. 물론 이 책이 현실의 모든 문제에 대한 해결책을 다 제시하는 것은 아니다. 게다가 경쟁과 이윤을 핵심 원리로 하는 자본주의 시스템, 나아가 오늘날의 신자유주의 세계화는 쉽사리 붕괴되거나 다른 시스템으로 대체되지 않을 것이다. 하지만 노예제가 그랬고 봉건제가 그랬듯이 자본주의 사회도 영원무궁한 것은 아니다. 모든 사회경제 시스템은 역사와 사회의 변화와 더불어 변하게 마련이다. 이렇게 긴 안목에서 볼 때 오늘날 우리에게 결코 변할 것 같지 않는 코앞의 시스템도 분명히 변화를 겪을 것이다. 아니, 이미 그런 변화는 진행되고 있다는 것이 이 책의 관점이다. 이 책에 나오는 사례들은 그러한 변화를 추동하는 힘들이 무엇이며 어떤 방식으로 새로운 변화가 이뤄지는지 자상하게 보여 준다. 특히, 이 모든 변화의 기저에는 사람이 가장 중요하며 따라서 사람들이 어떤 교육을 받는가 하는 문제가 사실상 절박한 과제임을 이 책은 강조한다.

그렇다. 앞으로는 무조건 기업이 원하는 '스펙'을 쌓아 월급 많이 주는 직장에서 일하는 것을 목표로 할 것이 아니라, 세상에 둘도 없는 자신의 인생을 위해 얼마나 창의적이고 혁신적으로 살 것인지를 고민해야 한다. 그리하여 자신의 행복과 더불어 공동체의 행복을 같이 추구하는 길이 무엇인지를 인생의 화두로 삼아야 한다. 그렇게 되면 우리는 날마다 가슴 벅찬 느낌으로 새 아침을 맞이할 수 있다. 자, 이제부터 페터 슈피겔과 더불어 그렇게 멋진 인생의 특별한 여행을 떠나 보자. 그리고 이 여행이 끝나면 그로부터 얻은 영감에 기초하여 자신만의 독특한 여정을 본격적으로 시작해 보자. 그리하여 새로운 세상, 더 나은 세상을 만드는 꿈을 같이 꾸어 보자. 나 혼자 꿈꾸면 꿈으로 남지만 여럿이 같이 꿈꾸면 현실이 된다고 하지 않던가. 그것도 매일.

끝으로, 우리가 사는 이 절망의 시대, 기업과 권력이 주도하는 사회적 무책임의 시대에 한 가닥의 희망이라도 갈구하는 이들을 위해 이 책을 널리 소개하겠다는 일념으로 번역을 강력 추천한 다섯수레 출판사 김경회 선생님, 그리고 역자의 원고를 멋진 책으로 완성한 정헌경 팀장께 깊이 감사한다. 앞으로 독자들과 함께 '더 나은 세상'을 꿈꾸며 더불어 만들기 위한 대화를 많이 나누고 싶다.

2012년 11월
강수돌

차례

더 나은 세상을
함께 만들어 가자

만일 누군가 좀 더 나은 세상을 위해 "지금이야말로 무언가를 시작할 때다."라고 말하며 온몸으로 뛰어들려 한다면, 그의 말은 무엇을 뜻할까? 얼마 전까지만 해도 그의 말은 사회적이고 생태적인 변화의 프로젝트를 시작하기에도 좋고, 현실 경제가 숙제로 남겨 놓은 여러 가지 문제를 정치적 방법으로 극복해 보기에도 좋은 기회라는 것을 의미했다. 만일 우리가 더욱 사회적이고 생태적인 혁신을 위해 뛰어들려 한다면 그것은 결국 사회적, 생태적 문제에 대한 슬기로운 해법을 내놓는 것은 물론, 기존의 경제적 의미에서만이 아니라 생태적, 사회적 의미에서도 '경영적 마인드'로 행한다는 것을 의미한다.

마찬가지로 최근까지만 해도 어떤 기업가가 "사업을 한다."고 하는 경우 생태적, 사회적으로 좀 더 나은 세상을 만든다는 목표와 결합해 생각하는 경우는 극히 드물었다. 설사 그렇게 생각하는 사람이 있더라도 지극히 예외적인 경우에 해당했다. 왜냐하면 기업가의 주요 목적은 기존의 현실 경제에서 시장 법칙에 따라 경쟁에서 살아남아 사업을 지속하는 것이었기 때문이다. 이런 상황에서 기업은 국가가 정한 사회적, 생태적 기준들을 지키는 데 이미 상당한 어려움을 겪고 있었다. 따라서 기업은 경제적 생존 이상의 뭔가를 하기도 어려웠거니와, 그렇게 한다 해도 이윤의 일부를 공익 기부금으로 내거나 자체 재단을 설립해 이윤을 사회에 환원하는 정도에 그쳤다.

이런 식으로, 한편에서는 기업가적 방식으로 '뭔가를 하고' 다른 편에서는 시민사회적 그리고 정치적으로 '뭔가를 꾀하는' 전통적인 역할 구분의 방식은 경제와 사회의 지속적인 발전을 제대로 담보하기 어려웠다. 오히려 생태적, 사회적으로 생존 위기에 몰린 집단과 이미 일정한 기득권을 확보한 집단 사이의 격차는 갈수록 많이 벌어졌다.

사실, 지난 100년간 세계 전체의 평균 수입은 최소한 30배 이상 늘었지만, 예나 지금이나 인류의 3분의 2는 비인간적인 삶을 살고 있다. 게다가 생태계를 복원하려는 수많은 노력이 있었지만 오히려 지구 곳곳에서 환경 파괴가 계속 증가하고 있다. 그래서 이제는 지금까지의 경제, 생태, 사회 정의라는 삼각 구도 모델이 실패했음을 솔직히 선언할 때가 아닌가 한다. 이제는 더욱 참되고 미래지향적인 그림을 그려 낼 필요가 있다.

다행히 시대의 변화와 혁신에 필요한 전제 조건들이 이미 대체로 갖추어져 있다. 게다가 새로운 움직임이 엄청 빠른 속도로 번져 나가고 있다. 그 과정에서 기존의 여러 사회적 영역이 수평적으로 통합되고 있고, 이러한 움직임의 기반도 비교적 탄탄한 편이다. 왜냐하면 새로운 운동은 이미 전 세계에서 관철되고 있는, 삶에 대한 새로운 감수성, 새로운 시대정신의 표현이기 때문이다.

나는 이러한 발상의 전환에 기초하여 새로운 시도를 하는 사람들을 부지런히 찾아 다녔다. 그러다가 1980년대 중반에 몇몇 선구적인 기업가들을 만났다. 그들은 당시까지 내가 지녔던 사회 헌신적인 시민운동가에 대한 이미지를 완전히 뒤집어 버렸다.

1986년에는 유럽의 성공적인 은행가 한 명을 만났는데, 그는 은행이 만든 전 세계의 금융 시스템은 "인류 역사상 가장 교묘하게 고안된 범죄"라고 말했다. 그는 비아냥거리는 투가 아니라 대단히 진지한 자세로 말했다. 근본적인 문제 제기였다. 그의 논리적인 결론은 전 세계에서 일련의 혁신을 과감하게 수행해야 한다는 것이었다. 그의 이야기는 그때까지 내가 알고 있던 것을 모두 한꺼번에 뒤집어엎어 버렸다. 과거의 혁명가들이 대부분 사고방식이나 실천적 제안에 있어 갈수록 온건하게 변하면서 이른바 '현실주의자'로 돌아선 반면, 경영의 세계에서는 새로운 혁명가적 정신이 등장한 셈이다.

성공적 기업 가문인 자베트 가문은 비슷한 시기에 여러 간행물에서 오늘날 우리가 경험하는 현실 시장 경제는 범지구적 차원에서 대단히 "반사회적인 시장경제"가 되어 버렸다고 규정했다. 이런 인식을 바탕으로 이 가문은 대단히 열정적으로, 심지어 막대한 개인적 위험까지 감수하면서, 선진 북반구와 후진 남반구 사이에 근본적인 균형이 회복되도록, 그리하여 공정한 세계 경제가 창조되도록 혼신을 다했다. 하폐

즈 자베트는 이미 1989년 초에 스위스 다보스에서 열린 세계경제포럼에서 각 나라 경제 지도자들을 향해, 세계 경제가 진정으로 공정한 경제라면 당시 남반구 여러 나라가 북반구에 진 빚이 엄청 많기는 하지만 사실 남반구가 북반구에 빚을 갚아야 하는 것이 아니라 오히려 북반구가 남반구에 적어도 500억 달러나 더 많은 빚을 갚아야 한다고 폭탄 발언을 했다. 그는 이 과감한 발언을 공개적으로 하기 위해 과거에 그 누구도 하지 않았던 계산을 꼼꼼히 했다. 그가 말한 "공정한 경제 관계"란 북반구의 잘사는 나라들이 서로 공정하다고 간주하는 바로 그 수준을 말했다.

자베트 가문은 손으로 짠 카펫의 무역을 하고 있었는데 간간이 세계 시장에서 최고 자리를 차지할 정도였다. 이 발언이 있고 나서 몇 년 뒤, 자베트 가문은 카펫 업계 전체가 일종의 개발부조금을 내야 마땅하다고 적극 주창하고 나섰다. 그것은 카펫을 만드는 개발도상국 노동자들의 생활 조건을 실질적으로 개선하기 위해서였다. 이 가문의 원로인 후슈만트 자베트는 카펫 시장에서 활약하고 있던 대부분의 경쟁업체로부터 호응을 끌어냈다. 그리하여 유럽연합 당국을 상대로 공격적인 설득을 벌이자는 제안에 그 분야의 거의 모든 사업가가 동조하고 나섰다. 그러나 아쉽게도 이 제안은 실패하고 말았다. 정치가들이나 시민사회 단체 활동가들의 단기적인 시각 때문이었다. 그들은 기업가들이 그렇게 근본적인 사고를 하기란 거의 불가능에 가깝다고 의심하면서 새로운 시도를 전혀 해 보려 하지 않았다. 그래도 이때 제기된 제3세계 개발부조금 제안은 '지구세(Terra Tax)'라는 이름으로 일종의 '글로벌 마셜

플랜(Global Marshall Plan)' 구상에 수용되었다.

이러한 시도들은 1990년대 초반에 나에게 확신을 주었다. 한편에서의 기업가적인 사고와 행위 또는 보다 일반적으로 말해 경제라는 것, 그리고 다른 편에서의 사회적 의제 해결이 결코 화해 불가능한 것이 아니라는 확신이었다. 만일 두 측면이 올바로 결합되기만 한다면, 전례 없는 시너지 효과가 발휘되어 지금까지의 그 어떤 시도보다도 공정하고 균형 잡힌 발전을 이룰 것이다.

사실 나는 환경운동의 일각에서 비슷한 변화가 일어나는 것을 보고 대단히 고무되기도 했다. 기존의 시각처럼 경제와 생태를 반드시 상호 배타적인 것으로 볼 필요는 없다는 목소리가 점점 많이 터져 나왔다. 실제로, 전통적인 환경운동가만이 아니라 게오르그 뷘터 같은 생태적 마인드를 가진 기업가들이, 경제와 생태 사이의 조화와 균형, 화해와 공존을 도모하는 새로운 길을 함께 열었다. 특히 G. 뷘터는 세계적인 다이아몬드 가공 사업가이자 독일 환경경영모임(B.A.U.M.)의 설립자이기도 하다. 그런 시도가 있은 지 불과 한 세대가 지나지 않아 거의 모든 정당과 사회적 공론장에서 생태적 경영경제야말로 앞으로 경제와 사회에 희망적 미래를 안겨 줄 유일한 대안이라고 간주된다. 그리하여 갈수록 더 많은 환경경영 기업들이 향후 유망한 기업 서열에서 선두 자리를 차지하게 된다. 나는 이런 것이 생태 문제만이 아니라 경제 문제가 사회적 과업과 맺는 관계에도 역시 적용될 것이라는 영감을 받았다. 시간이 갈수록 나와 비슷한 생각을 가진 이들을 더 많이 만날 수 있었다.

마침내 나는 1994년에 일종의 비정부기구인 '테라'를 창립했다. 그 핵심 목표는 "사회적 혁신 및 경제적 성과를 동시 달성"하는 것이었다. 테라의 설립 원칙은 다음과 같다.

"오늘날 경제 분야는 생태적이고 인간적인 삶을 새롭게 형성하는 데 핵심 역할을 한다. 특히 오늘날 경제는 이미 범지구적 차원에서 광범위하게 움직이고 있기 때문에 특별한 책임을 부여받고 있다. 이런 맥락에서 '테라'는 범지구적 책임의식을 적극 촉진하기 위해 공개 대화의 장을 마련하거나 생산적 자문을 수행할 것이다. 테라가 특별한 과업으로 삼는 것은 사회 혁신적이면서도 경제적 역량이 우수한 사람들과 활발히 교류하는 것, 또한 그들과 공개적이고 창조적인 협동 작업을 수행하는 것이다. 그렇게 함으로써 모든 프로젝트의 수행에서 인간적이고도 생태적인 효율성을 최대한 달성할 뿐 아니라 되도록 비생산적인 역효과는 예방할 수 있을 것이다."

테라는 설립 초기에 개발도상국에서의 사회적 과업들에 초점을 맞춰 사업을 수행했는데, 차츰 시야를 세계 전체의 사회적 문제들로 확장해 나갔다. 남반구나 동양의 여러 나라를 살피면서 우리는 경제와 사회를 조화롭게 만들려는 새롭고 모범적인 사례들을 집중적으로 찾아내려 했다. 성공적인 모범 사례야말로 새로운 변화를 만들어 나가는 데 있어 가장 큰 설득력을 지니기 때문이다. 그 과정에서 우리는 상당히 매력적이면서도 영향력이 큰 혁신 프로젝트들을 의외로 많이 찾을 수 있었다. 이 프로젝트들은 전통적인 개발 원조 모델과는 전혀 다른 차원을 보여준다. 그래서 우리는 21세기를 여는 '하노버 엑스포 2000'이라는 박람회에서 심사위원들에게 7개의 혁신 프로젝트를 적극 추천했는데, 다행히도 모두 채택되었다. 당시 전 세계에서 채택된 프로젝트는 무려 767개나 되었다.

심사위원 중의 한 사람인 에른스트 울리히 폰 바이제커에 따르면, 수많은 제안 중 콜롬비아의 교육 프로그램인 푼다엑(FUNDAEC)이 심사위원들로부터 교육 분야에서 최고의 평가를 받았다고 한다. 우리가 혁신적인 개발 프로젝트나 교육 프로젝트를 찾아다닐 때 한 가지 특이했던 것은, 대단히 의미심장한 시도라 여겨지는 것조차 많은 경우 대부분의 전문가 집단이나 헌신적 운동 조직들의 시야에 미처 포착되지 못했다는 사실이다. 아마 그 까닭은 사회적인 것과 경제적인 것을 절묘하게 결합하려는 프로젝트 자체의 본질에 있을 것이다. 그 프로젝트의 도움을 받는 사람들이 생활보호 대상자가 아니라 그 이상의 사람들로 재탄생하기 때문이다. 그러나 선의의 프로젝트의 상당수는 오랫동안 외부의 지원을 받아야 했고 일부는 오늘날까지도 장기적인 외부 지원이 불가피하다. 바로 이런 이유로 각종 후원금이나 국가 보조금 또는 여러 재단의 지원금에 의존적이다. 그러다 보니 그들은 "경제적 수단을 통한 사회적 프로젝트"가 가진 새로운 성격을 제대로 인지하지도 못했고 별로 하려고도 하지 않았다. 그러나 최근 들어 기존의 후원 기관들이 이러한 시각을 상당히 수정하고 있다.

사회 혁신 프로젝트를 발굴하는 여정에서 꼭 지적하고 싶은 점은, 우리가 설립한 '테라'를 통해 우연찮게도 그라민 은행이라는 무담보 소액대출 제도를 알게 된 것이다. 이 은행은 이 세상의 가장 가난한 지역들이 직면한 빈곤의 문제에 대해 완전히 새로운 시도로 돌파구를 열었다. 우리는 그라민 은행의 아이디어를 유럽 사회에 널리 알리기로 즉각 결정했다. 그래서 우리는 로마 클럽에서 출발한 시스템 혁신의 선구적 조직인 '부다페스트 클럽'에 제안을 했다. 해마다 수여하는 지구 의식 상(Planetary Consciousness Award)을 1997년에는 그라민 은행의 설립자 무함마드 유누스 총재에게 주자는 제안이었다. 물론 단독 상은 아니고 미하일 고르바초프, 그리고 앞서 말한 후슈만트 자베트와 함께 공동으로 주자는 것이었다. L. 슈페트는 독일 프랑크푸르트의 성 바오로 성당에서 열린 그 상의 수여식에서 M. 유누스나 H. 자베트의 아이디어에 대해 "세계적 차원에서 사회적 시장경제를 여는 이정표"라 극찬했다. 그리고 이런 것이야말로 그동안 부족했던 사회적 과업의 해결과 경제를 서로 연결하는 고리라고 했다.

그 뒤 1999년에는 '테라' 주최로 무함마드 유누스 총재를 슈투트가르트의 토론회에 초청했다. 호기심 많은 참여자들에게 어떻게 하면 그들도 무담보 소액 대출 제도에 적극 참여해 활동할 수 있을지 힘과 자극을 주기 위해서였다. 그 작은 결실이 독일 소액 대출 제도의 창설로 이어졌다. 다양한 활동이 계속되어 2007년에는 마침내 무함마드 유누스 총재를 '글로벌 경제 네트워크'의 명예 회장으로 추대하게 되었다. 글로벌 경제 네트워크는 일종의 혁신적 기업가 연합 조직으로, 과거와 같이 자기들만의 경제적 이해관계를 증진하고자 로비 같은 일을 하려는 것이 아니라 기업가적인 역량을 사회적 공동선을 고양하는 데 적극 발휘하고자 한다. 글로벌 경제 네트워크는 기본 강령 안에 유누스 총재

식의 아이디어를 더욱 촉진할 것이라 써 놓았다.

그 뒤로도 '테라'는 유누스 총재와 그의 동료들이 1990년대 중반 이후 그라민 은행 외에 사회적 문제를 경영적 방법을 통해 어떻게 해결해 나가는지 면밀히 추적했다. 가장 잘 알려진 것이 '그라민 폰'인데, 이것은 가장 가난한 이들에게도 새로운 첨단 기술인 휴대폰을 쓸 수 있게 하려는 것이다. '그라민 샥티'도 있는데, 이것은 가장 가난한 이들도 재생 가능 에너지를 사용하게 하려는 프로젝트이다. 그 밖에도 많지만, 바로 이 두 가지가 가장 대표적이다.

이 모든 프로젝트는 경제적으로 자립 가능한 사회적 기업 모델을 통해 혁신적 사업들을 창출하려 한다. 이렇게 발전한 그라민 경영 프로젝트는 소액 대출 아이디어를 넘어 다양한 사회 혁신적 시도에 가장 풍부한 밑거름이 되어 왔다. 소액 대출 제도만 해도 범지구적인 빈곤 퇴치에 있어 가장 혁신적이고도 효과적인 대안이라는 것을 이미 전 세계가 알고 있다.

그러나 그라민 은행 같은 구상은 경제적으로 자립이 가능한 사회 혁신의 새 가능성을 열 것으로 기대되었지만, 소액 대출 제도의 성공에 대한 환호성이 한 차례 지나가자 안타깝게도 대중적 관심으로부터 멀어져 버렸다.

2006년 12월 10일, 무함마드 유누스 총재는 노르웨이 오슬로에서 노벨 평화상을 수상했는데, 수상 연설에서 그는 이런 구상이 세계 보편적인 것이 될 수 있을 것이라고 말했다. 그는 이어 사회 헌신적인 사람들이 뜻있는 기업가들과 함께 전 세계적으로 더 많은 소셜 비즈니스 (사회사업, 사회적 기업)를 만들어 나가야 한다고 강조했다. 그는 이런 목적을 위해 설립되는 새로운 기업들이 가난한 나라들은 물론 선진국들이 직면한 수많은 사회적 문제를 새로운 경영 방식으로 해결해 나갈 수 있다고 보았다. 이 새로운 사업들이 혁신적이면서도 경제적으로 성공적이고 또한 생태적으로나 사회적으로도 지속 가능하며 직원들에게도 정당한 대우를 하기 때문이다. 덧붙여 유누스는 사회적 기업의 경영에 있어 모든 이윤은 기업이 표명한 사회적 목적에 재투자되어야 한다고 말했다. 즉, 올바른 사회적 기업은 투자자들에게 배당금을 주는 형식으로 운용되어서는 안 된다는 말이다. 이 부분에 대해서는 나중에 더 자세히 다루게 될 것이다.

그의 메시지는 나에게도 분명하게 다가왔다. 이제부터 유누스 총재가 제안한 소셜 비즈니스 구상이 경제와 사회의 지혜로운 조화 및 화해를 이루는 힘찬 추진력이 될 거라는 직감이었다. 운이 좋게도 나는 그가 노벨 평화상의 수상자로 공표되기 직전에 그에게 독일을 방문해 달라는 초청장을 보내 두었다. 그러나 그가 노벨상 수상 이후 너무나 많은 초청을 받는 바람에 2007년 6월 베를린의 '비전 서밋(Vision Summit, 비전 열기 정상회의)' 창립 모임에 그를 확실히 모시기가 어렵게 되었다. 게다가 내가 구상한 새로운 정상회의가 오로지 유누스 총재만을 위한 무대가 아니라는 점도 마음에 걸렸다. 나는 그 회의를 조직할 당시 '글로벌 경제 네트워크'의 사무총장을 맡고 있었는데, 그 회의가 2007년 여름 독일의 발트 해 연안 휴양도시인 하일리겐담에서 개최될 G8 정상 회의 직전에 열려 총 10가지의 혁신적 비전 및 실천 가능성이 높은 구상들을 먼저 제시할 수 있기를 바랐다. 왜냐하면 G8 정상들이 각 나라에서 지속 가능한 세상을 만들기 위해 중대한 결정을 할 때 바로 그런 구상들이 커다란 자극제로 적극 작용할 것이라 믿었기 때문이다. 그래서 나는 계속 그런 식으로 추진했고, 유누스 총재를 위해서도 G8 회의는 물론 세계 비전 서밋 등 수많은 일정을 잡아 나갔다. 자비네 크리스티안젠과의 토크쇼에 출연하도록 주선한 것, 독일 연방 대통령과의 면담 주선, G8 정상회의 결과에 대한 토론(2007년 쾰른에서 열린 기독교 교회의 날 하이라이트 행사)에 연방 수상과 함께 참여하도록 주선한 것이 대표적이다. 당시 유누스는 모두 9일간의 일정으로 독일을 방문하기로 약속했다. 모든 일정은 각기 대단한 성공을 거두었다. 최초로 열린 비전 서밋 역시 성공적이었다. 거기서 그는 자신의 소셜 비즈니스에 대한 비전을 처음으로 유럽에 제대로 소개할 수 있었다.

나는 바로 이런 고무적인 기회야말로 경제와 사회의 조화를 도모할 수 있는 역사적 계기라 확신했다. 그래서 나는 그런 선구적인 구상에 착안하여 새로운 사회운동을 강력히 추진할 연구소를 창립하기로 결심하고 같이 일할 사람과 단체를 찾아 나섰다. 그렇게 1년이 흘러 2008년 8월 1일, 마침내 '사회 혁신 및 전략 연구소 제너시스'가 출범하게 되었는데, 여기에는 그동안 내가 직접 만난 9개의 단체들이 함께 참여하고 있다. 이 연구소는 사회 혁신에 관해 매우 공개적으로 헌신하고자

세워진 세계 최초의 기구이다.

이 연구소 창립 직후에 우리는 제2차 비전 서밋을 개최하기로 했다. 실제로 우리 제너시스 연구소 주최로 2008년 11월에 서밋이 열려 소셜 비즈니스나 사회적 기업을 주제로 활발한 논의가 이루어졌다. 거기에는 모두 900명 정도가 참여했는데, 100명 이상이 독자적인 사회적 기업을 창설하거나 각종 프로젝트나 추진체 같은 것을 만들어 선구적인 구상들을 더욱 널리 확산시키기로 결정했다. 그 뒤 1년이 지난 2009년에는 제3차 비전 서밋이 열렸고 1,200여 참가자가 함께했다. 이 사실 자체만 해도 결과는 이미 고무적이다. 제3차 비전 서밋은 특히 베를린 장벽 붕괴 20주년과 맞물려 공식 프로그램의 일부로 진행되었다. 그래서 회의의 공식 구호도 "허물어야 할 또 다른 벽"이었다. 이 말은 흔히 생각하듯 가난은 극복할 수 없다든지, 수많은 사회 문제가 도무지 해결이 불가능하다든지, 아니면 경제와 사회는 결국 현실적으로 조화가 어렵다든지 하는, 우리 머릿속의 벽을 비전 서밋을 통해 과감히 허물어뜨리자는 것이었다.

우리 제너시스 연구소가 스스로 원하기도 했고 또 자체적으로 내세운 사명이기도 했지만, 바로 이런 사회적 기업 구상이 가진 폭발력은 상대적으로 짧은 시간에 독일 사회의 전 분야로 확장되어 나갔다. 기업들은 그라민과 조인트 벤처(joint venture)를 하거나 아니면 독자적인 사회적 기업을 설립하려는 계획에 착수했다. 수많은 비정부기구나 각종 재단들도 사회적 기업의 새로운 아이디어를 어떻게 하면 자기 고유의 활동과 접목할 수 있을지 고민하기 시작했다. 온갖 사회적 이슈에 대해 혁신적 해법을 찾아내기는 했지만 아직도 경제적 효율성 문제가 떨어져 고심했던 사회적 기업가들도 그러한 성공적 모델을 받아들여 혁신하고자 적극 노력했다. 한편 정치가들도 이에 대해 나름의 반응을 보였다. 독일 의회에서는 1년 뒤에 소액 대출 제도를 위해 무려 1억 유로를 지원하는 법을 통과시켰다. 또 그다음 해에는 사회적 기업가들을 적극 돕기 위해 3천만 유로를 지원하기로 했다. 물론 이것은 하나의 멋진 출발이었으나, 그 전개 과정에서는 불가피하게 프로젝트마다 상당한 격차가 발생했다.

사실, 사회적 기업이란 어떤 의미에서는 새로운 삶의 감수성을 구현하려는 여러 시도 중의 하나에 불과하다. 갈수록 더 많은 사람이 자신의 미래나 자기 마을의 미래를 새롭게 만들기 위해, 심지어 온 세상을 새롭게 만들기 위해 스스로 발 벗고 나선다.

이런 움직임에 동참하는 사람들은 대개 생태적으로 지속 가능한 생활 스타일을 강조한다. 그들은 대부분 공정 무역에 관심이 많다. 그들은 기업들이 좀 더 투명해지고 특히 생태적이고 인간적인 방식으로 운영되기를 바란다. 나아가 그들은 정부에게, 그러한 기업의 새로운 활동 방식을 효과적으로 지원하기 위해 적극 개입할 것을 요구한다. 마찬가지로 그들은 온갖 사회복지 기관에도 투명성을 높여 자원의 사용 방식이나 생태적, 사회적 영향을 깊이 고려하면서 새로운 운영 방식을 채택하기를 요구한다. 사실, 최근 수많은 아랍 나라에서 일어나고 있는 민주화 운동은 물론 독일 사회에서도 미래를 위한 중요 결정에 있어 직접적인 참여 요구가 늘어나고 있다. 이런 현상도 결국은 삶에 대한 새로운 감수성의 또 다른 표현이다.

갈수록 많은 사람이 정치가들의 실망스러운 공약들에 만족하지 못하고, 기업들의 마케팅 전략에 의한 홍보나 광고에도 관심이 없으며, 심지어 전문가들이 특별히 다른 대안이 없다며 엉거주춤 내놓는 아이디어들에 대해서도 별로 매력적이지 않다고 느낀다. 사람들이 진정으로 원하는 것은 실질적인 '임팩트'이다. 다시 말해, 사람들은 이제 속임수 같은 것이 아니라 진정성 있고 지속 가능한 변화를 원한다. 사람들은 모든 사람이 참된 교육을 골고루 받기를 원하며, 지속 가능한 미래를 위해 진정한 변화가 일어나기를 원한다. 또한 사람들은 참된 민주주의가 실현되기를 바란다. 그런데 지금까지의 경험에 비추어 볼 때 정계나 경제계, 나아가 사회의 지도층이 이러한 변화를 성공적으로 이룰 것 같지는 않다. 그래서 사람들은 이제 그런 소망이나 아이디어를 직접 실현하고자 스스로 나선다. 다행스럽게도 이미 많은 사람이 사회적, 생태적 문제에 대한 혁신적 해법들을 개발하고 또 실행에 앞장서고 있다. 어떤 사람들은 아예 자신의 기업을 만들어 기존 사회를 생태-사회적으로 지속 가능하게 혁신하는 데 강한 책임감을 갖고 헌신하려 한다. 그들은 기존의 기업들이 그런 방향으로 새로운 혁신을 할 수 있도록 다방면으로 노력하기도 한다.

바로 이 새로운 삶의 감수성, 새로운 시대정신이 가진 불굴의 생명력은 사실 여러 가지 뿌리와 닿아 있다. 누구나 이런 혁신적 실천을 결심하고 나서기만 한다면, 그는 곧 자신의 삶에 새로운 의미가 샘솟는 것을 느낀다. 또한 그 과정에서 사람들은 스스로도 깜짝 놀랄 만큼 창의적인 아이디어들이 활발히 떠오르는 것을 경험한다. 결국, 이 새로운 시대정신은 보다 인간적이고 보다 지속 가능한 미래를 위해 온 사회가 대단히 창의적이고 실천적인 힘을 발휘하게 한다. 게다가 이 새로운 감수성이나 시대정신은 지속 가능한 미래로의 불가피한 변화들에도 불구하고, 아니, 그러한 변화의 필연성을 제시함으로써 기존의 경제계에 완전히 새롭고도 아주 매력적인 전망을 열어 준다. 결국, 우리는 개인적으로나 집단적으로 상당한 자긍심을 느낀다. 왜냐하면 우리는 범지구적으로 책임 있고 의미 있는 목표를 위해 임팩트, 즉 무엇을 어떻게 해야 참된 변화가 올 것인지, 지속 가능한 실천력을 배우기 때문이다.

이 새로운 삶의 감수성은 이미 수많은 사람을 고무적으로 움직이는데, 그것은 계층과 계급, 분야, 나라를 초월한다. 여기에는 어느 누구도 배제되지 않으며 누구나 참여할 수 있다. 만일 우리가 오늘 "더 나은 세상을 만들어 보자."고 제안하면, 금세 수많은 기업가나 활동가들이 실로 다양하면서도 공통분모가 많은 구상이나 조직들을 거론할 것이다. 이 길에서 우리가 공통적으로 학습한다고 해서 서로 비판적인 의견 교환이 위축될 필요는 전혀 없다. 오히려 더욱 창의적이고 건설적인 의견 교환이 많이 이루어질 것이다.

'임팩트'라는 이름을 꼭 붙이고 싶은 이 새로운 시대정신은 여태껏 서로 분리되었던 운동들, 분파들, 분야들을 하나로 뭉치게 하는 데 큰 힘을 발휘할 것이다. 환경운동, 기업의 사회적 책임, 사회적 기업가 정신과 사회적 기업, 또한 생태-사회적 마인드가 강한 시민사회, 비정부기구, 전통적인 복지기관, 그리고 통상적인 경제 조직이 모두 하나의 커다란 시대정신으로 수렴될 수 있다.

바로 이런 맥락에서 첫째, 앞서 말한 시대정신을 구현하여 참된 '임팩트'를 만들어 낼 수 있는 운동들을 구체적으로 살펴보자. 둘째, 초기 신호 단계를 넘어 그다음 단계에서 의미 있는 결실을 거두려면 무엇을 해야 하는지 탐색해 보자. 셋째, 이런 맥락에서 우리 각자는 과연 어떤 역할을 할 수 있을지 성찰해 보자.

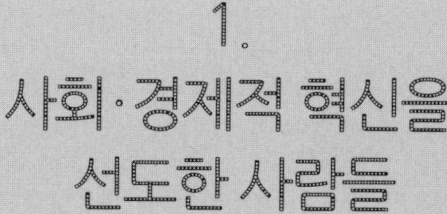

1.
사회·경제적 혁신을
선도한 사람들

혁신을 선도할 사람들은
어디에서 나올까?

　지금까지 내가 이야기한 내용에 대해 '지나치게 낙관적인 전망을 하는 게 아닌가?' 하고 의구심을 품는 사람들도 있을 것이다. 그래, 그라민 은행이 있다는 건 인정한다, 그러나 척박한 현실에 비추어 좀 과장된 면이 있지 않은가, 그래서 현실적으로 별로 많이 확장되지도 못하고 있는 건 아닌가, 하는 식이다. 설사 그라민 은행이 성공 모델로 평가된다 하더라도 "종달새 한 마리가 결코 여름을 만들지는 못한다."는 말처럼 그것을 일반화할 수는 없지 않은가? 도대체 그 외에 내세울 만한 성공 사례는 무엇이 있으며, 여태껏 세상의 현실을 얼마나 바꾸었는가? 이런 의문을 던질 수 있다. 또한 이 책의 핵심 주장들이 대단히 모험적으로 들리기 때문에, 실제 사례들을 직접 접하지 않는다면 '근본적 변화라는 비전을 가지고 아이디어를 계속 추진하는 데 별 도움이 안 되지 않을까?'라고 생각할 수도 있겠다.

　다행히도 지금까지의 여러 가지 성공 사례는 근본적으로 새로운 사고나 행동을 하는 데 설득력 있는 근거를 다양하게 제공해 준다. 이 장에서는 그야말로 새로운 세상을 찾아가는 모험 여행에 나서 보자. 아마도 상상력을 자극하는 미래 여행이 될 수도 있을 것이다. 분명한 것은 그런 것조차 이미 우리 현실의 일부를 이루고 있다는 사실이다. 실제로 여기서 제시되는 구체적 사례들이 경제와도 상당히 연관되어 있기 때문에 이미 하나의 질문에 대한 답을 미리 내놓고 있다. 그 질문이란, 과연 경제적으로 유능한 사람만이 사회 혁신을 이끌 수 있는가 하는 것이다. 그에 대한 답은, 이미 머릿속에서부터 사회 혁신이라는 대안의 새로운 세계로 들어간 사람은 누구나 새 기회를 찾는다는 것이다. 지금까지의 사례들을 종합해 볼 때 인간적이고 생태적이면서도 경제적으로도 혁신적인 시도를 통합적으로 고민하고 체계적으로 학습한 사람은 아무도 없기 때문이다. 이런 방향으로의 변화에 있어 가장 결정적인 추동력은 결국 건강한 인간관이다. 이것은 사람들이 전문가들의 지식에 종속되지 않고 스스로 해법을 찾아갈 수 있다는 믿음과 연결된다. 따라서 새로운 사회 혁신가들이 도대체 어디에서 나올까 하는 질문은 완전히 열려 있다. 가장 바람직하면서도 가장 진실에 가까운 것은 혁신가들이 우리가 아는 모든 영역에서 나올 수 있다는 점이다. 즉, 혁신가들은 일반적인 경제 영역에서 나올 수도 있고 시민사회 영역, 전문가 집단, 시급히 문제를 해결하려는 당사자들 속에서 나올 수도 있다.

'무담보 소액 대출',
빈곤 탈출의 전망을 열다

방글라데시의 그라민 은행은 사회적 기업가 정신이나 사회적 기업에, 그리고 경제와 사회의 문제를 통합적으로 풀어내는 데에 결정적 모범 사례가 되고 있다. 따라서 그라민 은행이 현재 어떤 상황에 있는지, 그리고 그런 식의 마이크로 크레디트(무담보 소액 대출 제도)를 총체적으로 어떻게 보아야 할지에 대해 먼저 간략히 정리할 필요가 있다.

오늘날 그라민(마을) 은행의 대출자는 발생지인 방글라데시에서 이미 8백만 명 이상을 기록하고 있다. 그중 97퍼센트가 여성이다. 그라민 은행의 대출로 혜택을 받는 사람들은 한 가족당 평균 5명이므로, 방글라데시 전체적으로 약 4천만 명이 혜택을 입고 있다고 보면 된다. 무려 전 인구의 25퍼센트가 혜택을 받는 셈이다.

원래 그라민 은행은 절대 빈곤선 이하에 처한 사람들에게만 대출하는 것을 과제로 삼았다. 그래서 그라민 은행에서 처음 대출을 받은 사람들은 100퍼센트가 가장 가난한 사람들이었다. 그들은 모두 유엔이 정한 공식 빈곤선 아래에 사는 이들이었다. 그라민 은행이 이들에게 빌려 준 돈은 평균 20달러였다. 꽤 오랫동안 그 수준을 유지했으나, 이제는 그 열 배인 200달러 수준으로 높아졌다. 다행스럽게도 그사이에 소액 대출을 받은 이들의 거의 절반이 절대 빈곤선을 넘어섰다. 그들은 빈곤의 악순환이라는 고리로부터 벗어나기 위해 각고의 노력을 했다. 그동안 새로운 사업을 시도할 때마다 규모가 조금씩 커져서 자금이 조금씩 더 많이 들게 되었다. 아마 2015년이 되면 그라민 은행에서 대출을 받은 모든 사람이 빈곤을 극복하게 될 것으로 예상된다. 그렇게 되면 2015년까지 세계 빈곤 인구를 절반으로 줄이겠다는 유엔의 밀레니엄 계획이 방글라데시에서 이미 달성되는 셈이다. 바로 그런 일을 그라민 은행 혼자 해낼 수 있다는 사실이 놀랍지 않은가.

1990년대 이후 갈수록 많은 조직이 그라민 은행의 소액 대출 아이디어를 벤치마킹하기 시작했다. 지금까지 전 세계에서 1억 5천만 명이 소액 대출의 혜택을 받고 있으며, 그런 소액 대출 기관도 약 1만 개에 이른다. 사실, 이들 빈곤층은 그전에는 은행 문턱이 높아 신용 대출을 받을 기회가 없었기 때문에 이 제도에 더욱 감동을 받았다. 그리하여 전체적으로 5억 명 이상의 사람들이 이 혁신적 사업의 수혜자가 되었다.

물론, 모든 소액 대출 기관이 비슷한 효과를 거두고 있는 것은 아니다. 특히 제3세계의 상당히 많은 기관이 그라민 은행처럼 그 나라의 가장 가난한 사람들에게 다가서기보다는 중하층 정도의 사람들에게 대출을 해 주고 있다. 그럼에도 이 기관들은 사람들이 빈곤을 체계적으로 극복할 수 있도록 상당한 영향을 주고 있다. 이제 생각 있는 전문가들이라면 거의 모두 이 소액 신용 대출 제도가 수억 명의 사람들에게 빈곤으로부터 탈출할 수 있는 새로운 전망을 열어 주었다고 인정한다.

그런데 최근에는 이 소액 신용 대출에 대한 비판도 나온다. 사실, 세계 곳곳에서 짧은 기간 안에 수많은 소액 신용 대출 기관이 급속도로 생기다 보니 여러 가지 잘못된 경향이 생겨나기도 했다. 비판과 수정이 필요한 부분이 많이 생긴 셈이다. 북인도 지역에는 영세한 소액 대출 기관이 너무 많이 생겨 서로 고객 확보를 위해 지나치게 경쟁하다 보니, 다른 곳에서 대출을 받았는지 확인도 않고 중복 대출을 해 주는 사례까지 나오게 되었다. 그 결과 어떤 사람은 처음 대출받은 것을 새로운 사업을 통해 조금씩 갚아 나가려 하지 않고, 다른 대출 기관에서 빌린 돈으로 처음의 대출금을 갚아 나가는 불상사가 생기기도 했다.

원래 그라민 은행에서는 그런 일이 생기지 않았는데, 처음부터 그런 사례를 예방하기 위해 시스템 차원에서 대처를 잘했기 때문이다. 그라민 은행에서 대출을 받으려는 사람은 5명으로 이루어진 대출자 소집단의 구성원이 되어야 하고 그 구성원들이 서로 보증을 서야 한다. 이런 시스템 덕분에 소집단의 구성원들은 누구도 문제를 일으키지 않도록 서로 관심을 기울이게 되었다. 나아가 그라민 은행이 견지한 또 다른 원칙은, 소집단의 구성원 중 누군가 어려움에 처하면 같이 노력하여 합당한 해결책을 찾도록 한 것이다. 일종의 공동 책임제인 셈이다. 그뿐만 아니라 그라민 은행을 창설한 무함마드 유누스 총재는 방글라데시

정부와 잘 협의하여 소액 대출 제도에 대한 감독 시스템이 올바로 작동하도록 만들었다.

　그럼에도 2010년 말부터 2011년 초에 나온 소액 대출 제도에 대한 여러 비판 중 그냥 지나쳐서는 안 되는 것이 하나 있다. 이 소액 대출 시스템과 다른 수많은 비정부기구의 복지 기관들이 빈곤 문제 해결과 관련하여 본의 아니게 불필요한 경쟁 관계에 빠진다는 사실이다. 앞서 말한 북인도의 잘못된 현상에 대해 비정부기구들이 비판을 쏟아 내면서 항의 캠페인을 벌인 것도 결코 우연이 아니다. 기존의 비정부기구들이 자칫 그 존재나 활동이 힘을 잃고 위험에 처할 것 같은 위기감을 느꼈기 때문이다. 일례로, 그 직전에 북인도의 지방정부는 빈곤 추방을 위한 다양한 시도들이 가진 사회적 영향에 대해 조사 연구를 수행했는데, 그 결과 소액 신용 대출 과정에서 중복 대출 문제가 예사롭지 않은 것으로 나타났다. 그런 상황에서 그 지역의 소액 신용 대출 기관들을 제외한 여타 비정부기구들의 평가 순위는 꼴찌를 면하기 어려웠다. 그래서 지방정부는 비정부기구들에 대한 지원금을 대폭 삭감해 버렸고, 그 결과 기존의 비정부기구들이 위기감을 갖게 된 것이다.

　사실, 가장 가난한 나라의 가장 가난한 사람들이 사는 세상은 말 그대로 가장 힘든 상황이기 때문에, 빈곤 탈출을 위한 도움을 받기가 쉽지 않다. 도움을 받기 위해 요구되는 조건들을 '문제없이' 충족하기가 어렵기 때문이다. 그래서 언론이나 비판적인 여론 주도층은 소액 대출 제도에 대한 정당한 비판과 부당한 비판을 분별력 있게 구별할 줄 알아야 한다. 정당한 비판은 이치에 맞으면서도 생산적인 대안을 제시하지만, 부당한 비판은 명백히 자기 조직의 편협한 이해관계를 대변하면서 상황을 대단히 복잡하고 위태롭게 만들기 일쑤다.

　다음 사례 역시 무책임한 캠페인이 낳는 결과에 관해 좋은 교훈을 준다. 2010년 들어 무함마드 유누스 총재에 대한 비판이 크게 일었다. 방글라데시 정부 당국이 2011년 5월에 철저히 조사한 결과 그 비판은 완전히 사실무근임이 공식적으로 밝혀졌다. 그런데 2011년 초만 해도 지방정부는 그런 엉터리 비판을 핑계 삼아 그라민 은행을 국가가 관리하겠다고 나섰다. 무함마드 유누스는 정부의 부당한 개입 때문에 총재 자리를 내놓을 수밖에 없었다. 정부가 제시한 근거는, 이제 그라민 은행은 민영이 아니라 국영 은행이므로 그 대표 이사도 60세면 정년에 들어가야 한다는 논리였다. 그러나 그라민 은행은 일종의 협동조합 은행으로, 가장 가난한 사람들이 93퍼센트의 지분을 갖고 있다. 그러니 국가는 고작 7퍼센트의 지분만 갖고 있을 뿐이다. 그것도 진정한 의미에서의 동참이라기보다는 위에서 일정한 영향력을 행사하는 것, 즉 통제가 유일한 목적이다. 게다가 국가 칙령을 통해 소수의 지분 참여로 통제가 가능하도록 강제한 것이다. 그런데 이제는 정부가 그라민 은행을 통째로 국유화하려 든다. 사실, 방글라데시 정부는 이미 오래전부터 세계에서 가장 부패한 권력체의 하나로 통하기 때문에, 최근처럼 엉터리 같은 언론을 무기 삼아 그라민 은행을 국유화하려 드는 것은 정말 위험천만인 상황이다.

　방글라데시 정부는 나아가, 그라민 은행만이 아니라 약 20개의 그라민 사회기업들까지 장악하려 든다. 그래서 이러한 마을 자치적인 사회적 기업들에 대한 공격에 맞서 세계적인 저항을 시급히 조직할 필요가 있다. 만일 방글라데시 정부가 빈곤 문제 해결에 대한 희망을 주는 그라민 은행을 국유화해 버린다면 이는 방글라데시 국가뿐 아니라 그 민초들에게도 엄청난 위험이 아닐 수 없다. 나아가 그것은 다른 가난한 나라들에서 비슷한 방식으로 빈곤 타파를 위해 노력하는 소중한 사회적 기업들에게도 큰 위협이 될 것이다. 게다가 그런 공격은 더 나은 세상을 위해 뭔가 새로운 사업을 시작해 보려는 모든 사람에게 막대한 좌절감을 안겨 줄 것이다. 만일 우리가 이런 공격을 그냥 두고 본다면, 그것은 아마도 과거 남아프리카공화국의 넬슨 만델라에게 연대의 손길을 보내는 대신, 의도가 빤한 선전과 조작을 일삼는 아파르트아이트(인종차별) 로비스트들에게 계속 권력을 휘두를 수 있도록 지지해 주는 것이나 다름없을 것이다.

그라민 은행은 수많은 소액 신용 대출 기관 중에서도 사회적 영향 면에서 가장 큰 효과를 냈다. 비정부기구들 대부분이, 또 기존 은행들 대부분이, 나아가 국가적 개발 협력 사업에서 출발한 다양한 종류의 소액 대출 기관들 대부분이 그라민 은행으로부터, 그리고 그라민 은행이 실행한 원리와 혁신들로부터 계속 아이디어를 얻을 수 있었다. 실제로, 수많은 비정부기구의 소액 대출 프로젝트는 처음에는 조금 힘든 학습 시기를 거쳤으나 나중에는 대단히 훌륭한 소액 금융 시스템을 개발했다. 나아가 기존의 은행들이나 고전적인 금융 기관이 만든 소액 금융 조직들은, 극히 일부를 제외하고는, 상당히 의미 있는 시스템을 창출해 냈다. 이 모두는 빈곤과 같은 사회적 문제를 경영경제적인 활동을 통해 멋지게 풀어내는 능력을 드러낸 사례들이다.

물론, 이 소액 대출 금융기관들이 더 나은 사회적 성취를 이루려면 우리 모두가 더욱 지속적으로 관심을 가져야 한다. 특히 중복 대출이나 과도한 이자 같은 잘못을 되풀이하지 않도록 유의해야 한다. 왜냐하면 이런 것은 빈곤 타파라는 사회적 목적과는 관계없이 결국 출자자들에게 높은 수익을 보장하는 것으로만 끝날 수 있기 때문이다. 그래야만 우리는 전 세계에, 특히 가장 가난한 지역들을 위해 우수한 소액 대출 기관들을 널리 확산시킬 수 있다. 그리고 이것은 사회 혁신 사업(경영)이라는 의미에서 더 많은 사회적 기업을 계속 촉진할 결정적 지렛대가 될 것이다. 바로 이런 점은 다음의 사례, 특히 그라민 샥티의 사례에서도 구체적으로 살필 수 있다.

태양광 혁명으로 빈민가 마을을 밝힌 '그라민 샥티'

태양 에너지 문제는 오늘날 선진국에서도 독일의 재생가능에너지법과 같은 국가적 지원책 없이는 현실화가 어렵다. 그러다 보니 태양 에너지를 전 세계에 확산시키고 싶은 사람들조차 당분간은 다양한 형태의 보조금과 같이 갈 수밖에 없음을 잘 알고 있다. 하물며 제3세계 여러 나라에서는 어떻겠는가? 당연히 국가에서 주는 발전지원금이나 각종 재단의 장려금, 아니면 개별적 후원금이라도 있어야만 뭔가 시작할 수 있는 형편이다.

독일의 태양 에너지에 관한 한 선구자로 통하는 헤르만 쉬어도 그라민 은행을 설립한 무함마드 유누스 총재를 만났을 때 그런 생각을 하고 있었다. 그러나 사회적 기업가로서 성공한 유누스는 쉬어의 고무적인 제안을 듣고는 완전히 다른 관점에서 문제를 해결하려 했다. 유누스가 누구인가? 그는 이미 오래전부터 전통적인 사고의 경계선, 즉 (성공적인) 기업가 정신과 (까다로운) 사회적 과제를 잘 결합함으로써 그 한계를 훌륭하게 극복한 사람이 아니던가?

그는 우선 그 시점에서 방글라데시의 가장 가난한 사람들을 위해 쓸 수 있는 효과적인 에너지 비용이 얼마나 될지 궁금해했다. 놀랍게도 그는 가장 가난한 사람들이 일상생활에 필요한 에너지를 얻기 위해 상대적인 의미에서만이 아니라 절대적으로도 더 많은 돈을 내고 있다는 사실을 알게 되었다. 그 까닭은 단순했지만 여태껏 아무도 이 문제에 관심을 기울이지 않고 있었다. 가난한 나라, 더구나 시골이나 오지에는 아무런 송전 시설이 없어서 이들은 결코 저렴한 전기를 쓰기 어려웠다. 특히 시골 지역은 다른 어떤 에너지원을 얻기에도 장애물이 많았고 따라서 무슨 에너지를 쓰더라도 비싼 돈을 내야 했다. 그러다 보니 사람들은 등유 같은 것을 가장 흔히 쓰는데, 이것은 오염이 심할 뿐 아니라 송전 시설을 통해 전달되는 전기 값보다 훨씬 비싸게 먹혔다. 게다가 시골이나 외딴 섬 등 먼 곳까지 운반하는 비용도 도시에 비해 만만찮았다. 이 모든 것이 사회적 비용을 더욱 높인 셈이다. 만약 이런 지역에 태양광 에너지가 도입될 수만 있다면 엄청난 장점이 발생할 터였다. 즉, 태양광 에너지란 바로 이렇게 송전 시설도 없는 가장 가난한 나라의 가장 가난한 마을, 나아가 세계 모든 곳의 가난한 지역에, 특히 해가 잘 비치기만 하는 지역이라면 어디든 활용이 가능한 것이 아닌가. 그것도 정부 보조금 없이 말이다.

그리하여 방글라데시 사람들은 물론 서양의 태양 에너지 전문가들이

40

그라민 혁신 팀과 힘을 합쳐 이른바 '태양 홈 시스템(태양광 발전기)'이라는 아이디어를 만들었고 실제로도 성공했다. 이 시스템은 좀 튼튼한 대나무 기둥에 태양광 셀(집열판)을 달아 간단한 태양광 흡수 장치를 만드는 것이었다. 그리하여 방글라데시의 일반 빈민가에서 요긴하게 쓸 수 있는 에너지를 태양 전기로 모두 공급할 수 있게 되었다. 이것이 그라민 샥티(일종의 마을 전기 시스템) 사업이다. 물론 이 프로젝트에 참여한 사람들은 그라민 팀의 다른 사회 혁신 사례에서와 마찬가지로 원래 목적을 손상하지 않는 범위 안에서 비용을 최소화할 수 있는 방법을 탐색했다. 게다가 '태양 홈 시스템'은 선진국 등에서 완성된 제품을 수입했을 때보다 비용을 훨씬 낮출 수 있었다.

그렇다면 과연 이런 사회적 기업들에 걸맞은 사업 모델이란 어떤 것일까? '태양 홈 시스템'은 가장 먼저 그라민 은행의 기존 고객들에게 100퍼센트 외상으로 제공되었다. 갚는 방식으로는, 각 가입자가 지금까지 낸 에너지 비용을 정직하게 보고한 다음, 외상을 모두 갚을 때까지 기존 전기세를 매월 내기로 합의했다. 그렇게 하니 방글라데시에서 자기 집에 태양광 시설을 한 사람들은 추가 비용 없이 전기를 계속 쓸 수 있게 되었고, 모든 비용을 갚고 나면 그때부터는 전기 비용이 들지 않게 되었다. '태양 홈 시스템'은 지금까지의 경험에 견주어 볼 때, 별도의 수리 없이 약 8년간 지속된다. 그리고 '태양 홈 시스템' 설치비는 외상으로 하더라도 3년 정도만 꼬박꼬박 내면 모두 갚을 수 있다. 이러한 사업 모델과 그로 인한 사회적 효과를 감안할 때 '태양 홈 시스템'이 급속도로 확산된 것은 그리 놀랄 일이 아니다. 특히 중부 유럽에서 근대가 막 태동하던 시기에 일반 대중의 생활상이 처음으로 확연히 개선된 점을 상기해 보면, 역시 근대적인 에너지, 특히 전기를 사용할 수 있었기 때문에 가능했음을 알 수 있다. 전기를 쓰게 되면서 아이들은 해가 진 뒤에도 책을 읽고 글을 쓸 수 있었으며, 어른들은 다음 날 할 일에 대해서도 찬찬히 계획을 세울 수 있었다. 사람들이 작업을 할 때에도 새로운 기술이나 기계를 마음껏 쓸 수 있게 되었다.

그런 가운데 사람들의 사회적, 경제적 상황은 점점 개선되었다. 사회적 혁신이 오늘날 방글라데시에도 일어나고 있는 셈이다. 그라민 샥티와 같이 아주 간단한 사업 모델 덕에 가난한 사람들도 특별한 추가 부담 없이 생활 조건을 근본적으로 개선할 수 있었다. 이들은 오랜 시간이 지나지 않아 원래 비용을 모두 갚을 수 있었고, 마침내 자신이 부담하는 비용도 최소화할 수 있었다.

그라민 샥티 사업의 '태양 홈 시스템'은 매년 100퍼센트씩 늘어났다. 그리하여 방글라데시 전체적으로 2011년 가을까지 약 75만 개의 태양 에너지 장치가 설치되었다. 오늘날 방글라데시가 최소한 태양광 지붕의 숫자에서 세계 최고의 나라가 된 것은 결코 우연이 아니다. 물론, 태양광 지붕의 총면적은 독일에 비해 현저히 작다. 최근 미국에서 시작된 세계적 금융 위기에도 아랑곳없이 태양광 설비는 꾸준히 늘고 있으며, 아마 2015년 말까지는 최소한 1천5백만 개의 '태양 홈 시스템'이 갖추어질 것으로 전망된다. 그렇게 되면 방글라데시에서는 농어촌에 사는 7천5백만 명이 모두 태양광 에너지를 쓸 수 있게 된다.

물론 이것으로 모든 상황이 다 해결된 것은 아니다. 아직도 사회 혁신이나 그라민 샥티의 사회적 기업 모델이 필요한 구석은 대단히 많기 때문이다. 게다가 그라민 샥티 자체도 많은 개선이 필요하다.

가장 먼저 개선할 필요가 있는 것은 기술적 측면이다. 솔라 모듈은 서양이나 중국에서 수입되는데, 순조로운 작동과는 아무 상관도 없는 요소 때문에 괜스레 비싸게 먹히고 있다. 번쩍거리는 표면이 대표적이다. 사실, 전기 생산과 별 상관이 없는데도 서양의 고객들이 번쩍거리는 것을 멋있다고 보기 때문에 표면을 그렇게 만든다. 그러나 방글라데시 시장에서는 이런 것이 별 의미가 없다. 오히려 값을 싸게 해 주는 것이 더 현실적이다. 중국의 한 업체는 꽤 오래전부터 방글라데시 시장에 솔라 모듈을 공급해 왔다. 그러다 보니 그라민 샥티와도 자연스럽게 연결되어 협조가 잘되고 있다. 독일의 제법 큰 업체 하나도 방글라데시에 태양광 셀 공장을 세우기 위해 그라민 샥티와 협의 중이다.

두 번째로 개선할 사항은 태양광 기술자를 훈련하는 것이다. 방글라데시 농촌의 경우 기술자의 대부분은 여성이다. 그라민 샥티는 2015년까지 방글라데시 전체적으로 약 10만 명의 여성 기술자를 양성할 계획을 갖고 있다. 그런 기술자들이 대거 투입되어 '태양 홈 시스템'을 잘 관리한 덕에 수명도 원래의 8년에서 최고 15년까지로 늘었다. 당연히 생태적, 사회적, 경제적 효과도 늘었다.

이러한 사회적 혁신에는 몇 가지 특징이 보인다. 가장 놀라운 것은 단순함이다. 빈민층이 실제 부담하는 에너지 비용을 면밀히 검토한 일이 마침내 인류의 절반 이상에게 태양광 전기를 공급할 수 있는 새로운 기회를 열어 주었다. 여기서 유의할 점은, 오히려 전문가들은 그런 질문을 던지지 않았다는 것이다. 그들은 전문 지식만 가지고 엄청난 정부 보조금을 받아 프로젝트만 수행하려 했지, 빈민들이 부담하는 에너지 비용을 조사하여, 태양광 전기를 사용할 경우 어떤 변화가 가능할지 따위에 대해서는 무관심했던 것이다. 무함마드 유누스 총재 이전에 누군가 '빈민의 시각'에서 나온 질문, 즉 '기본적 인간 이해'에 관한 질문을 던졌다면 아마도 우리는 훨씬 오래전에 더욱 혁명적인 발명을 이뤄 냈을지도 모른다.

그렇다면 전문가의 추정이나 평가를 다시금 정상적인 인간 이해의 관점에서 새롭게 바라볼 필요는 없을까? 만일 우리가 정상적인 사람들이라면, 가장 가난한 사람들도 인간적인 필요를 충족할 권리가 있다는 시각에서 늘 그런 기본적인 질문을 던질 수 있어야 한다.

앞서 말한 사회적 영향 외에 또 하나 놀라운 사실은 사회 혁신이 가진 생태적인 차원이다. 선진국의 상당히 많은 환경운동가는 제3세계의 가난한 나라 사람들이 자꾸만 서양의 생활방식을 따라 하려는 데 대해 걱정을 많이 한다. 그런데 중국이나 인도의 3천만~5천만 명에 이르는 사람들이 빈곤에서 탈피하여 에너지나 물질적 풍요를 과도하게 누리기 시작하는 반면, 다른 편에서는 20억~30억 명이 하루에 2달러도 안 되는 돈으로 살고 있다면 이를 어떻게 보아야 할까?

바로 이 지점에서 그라민 샥티는 대단히 훌륭한 해결책을 제시한다. 그것은 방글라데시만이 아니라 전 세계에서 별 문제없이, 그리고 별로 비용을 증가시키지 않고도 실행이 가능한 해법이다. 세상의 모든 가난한 사람, 특히 비교적 해가 잘 드는 곳에 살고 있는 사람들(대개 90퍼센트 정도가 온종일 해가 잘 드는 곳에 산다.)이 앞서 말한 모델에 따라 몇 년 안에 완전히 태양광 발전으로 옮기기만 한다면, 아마 범지구적인 에너지 전환에 결정적으로 기여하게 될 것이다.

현재 궁핍 속에 살고 있는 사람들의 삶을 이런 식의 새로운 모델을 통해 뒤늦게나마 향상시킬 수 있다는 사실은 우리의 가슴을 뛰게 한다. 그것은 인간적으로 훌륭할 뿐 아니라 세계화 효과의 역동성이라는 측면에서도 매우 소중한 일이다. 특히 그라민 샥티 모델은 세계화의 물결에서 소외되고 배제된 가난한 사람들의 생활 수준을 향상하는 데 있어 짧은 시간 안에 태양 에너지라는 재생 가능한 에너지원을 적극 활용할 수 있게 도와준다. 그렇게 해서 태양광 기술이나 태양광 관련 제품에 대한 수요가 막대하게 늘어나면 당연히 세계의 다른 지역에도 널리 공급할 수 있는 가능성이 높아질 뿐 아니라 생산비도 점점 내려갈 것이다. 요컨대 범지구적 태양 에너지로의 전환은 아마도 가난한 남반구로부터 출발하여 급속히 확산되는 방식으로 진행될 가능성이 크다.

마지막으로 그라민 샥티 모델에서 또 하나 놀라운 것은 경제적 차원이다. 그것은 하나의 간단한 사회 혁신을 통해 대단히 전망이 밝은 사업 모델이 창출되었다는 점이다. 만일 이렇게 사회생태적으로 혁신을 이끄는 기업들이 앞으로 방글라데시를 넘어 전 세계로 뻗어 나간다면 2020년까지 전 세계에서 5억~10억 개 정도의 태양광 설비가 가동될 것이다. 이런 식으로 범지구적인 태양광 시장이 개척된다면 오늘날 가난에 허덕이고 있는 낙후된 지역에서도 새로운 시장을 더 만들게 될 것이다. 사람들의 소득 곡선이 훨씬 더 위쪽으로 이동하는 한편, 태양광 기술이 계속 발전하면서 가난한 지역에서도 사업성 있는 시장이 창출될 것이다. 게다가 태양 에너지와 관련된 기술 혁신이 가난한 지역에서도 지속될 것이다.

그라민 샥티 스스로도 사회 혁신적 사업 모델을 다른 여러 나라에 확장하려 노력하고 있다. 이런 방식으로 경영을 하려는 기업들이 전 세계에서 갈수록 많이 생기고 있다. '태양 홈 시스템'을 세계의 1만여 소액 신용 대출 제도와 연결해 새로운 혁신을 시도하는 이 모델은 지극히 간단할 뿐 아니라 얼마든지 적용이 가능하다. 일례로 최신 냉장고, 그것도 에너지 절감 효과가 큰 냉장고를 생산하는 한 업체는 남아메리카 지역에서 그런 식의 새로운 시도가 얼마든지 가능함을 잘 보여 주었다. 이 회사는 여태껏 에너지를 많이 소모하는 냉장고를 쓰고 있던 가난한 지역의 사람들에게 추가 부담 없이 에너지를 절감하는 새 냉장고로 교환할 수 있게 했다. 새 냉장고를 씀으로써 절약되는 비용만큼 새 냉장고 값을 차츰 갚아 나가게 한 것이다. 이런 식의 창의적 해법을 통해 우리는 얼마든지 새로운 사업 모델을 만들 수 있다. 그렇게 되면 범지구적 에너지 전환만이 아니라 또 다른 생태적 전환도 효율적으로 추진할 수 있고, 특히 가난한 지역에서 불가능하다고 생각되었던 일도 실현할 수 있다.

의료 혁명을 통해 세계를 선도한
'아라빈드 클리닉'

획기적인 사회 혁신 사례들은 비단 방글라데시에서만 일어난 것도 아니고 그라민 은행이나 그라민 샥티와 관련해서만 일어난 것도 아니다. 사회 혁신은 아시아를 넘어 유럽이나 다른 대륙에서도 얼마든지 일어나고 있다. 유럽 사례를 살펴보기 전에 아시아의 또 다른 나라인 인도 사례를 하나 더 살펴보자.

인도 마두라이 출신의 안과 의사 G. 벤카타스와미는 '국경 없는 의사회' 같은 조직에서 봉사하는 것을 넘어 뭔가 뜻깊은 사회적 기여를 하고 싶었다. 그는 자신이 할 수 있는 범위 안에서 백내장 수술 같은 치료를 좀 더 효과적으로 할 수 없을지 스스로에게 물었다. 다시 말해, 수술 과정을 좀 더 간단하게 하면서도 비용을 줄이는 혁신적 방법이 없는가 하는 물음이었다. 그렇게 할 수만 있다면 상대적으로 괜찮게 사는 사람들에게는 실제 비용 정도의 적은 돈을 받고, 아주 가난한 사람들에게는 무료 시술을 할 수 있게 될 터였다. 수술비가 계속 비싸다면 기존의 국가적 프로그램이나 국제적 프로그램이 별 도움이 되지 않을 것이기 때문이었다. 그런 구조 아래서는 시술이 시급히 필요한 사람 중 극히 일부만이 혜택을 입을 수 있었다. 인도에서는 약 1천5백만 명에 이르는 사람들이 백내장 같은 질병을 제때에 치료하지 못해 안타깝게도 시력을 잃고 있었다.

벤카타스와미는 이런 의도에 걸맞게 기술 혁신을 체계적으로 모색함으로써 일종의 사회 혁신을 이루었다. 그는 인도의 두메산골로 들어가 치료가 필요한 사람들을 만나 백내장 진단 및 수술 준비, 그리고 수술 자체 과정과 사후 처치까지 수술의 전 과정에 대해 자세히 이야기를 나누었다. 동시에 그는 각 단계마다 필요한 렌즈, 안경테 같은 물품을 잘 구비했다. 그러면서도 그는 각 단계마다 행여 새로운 혁신이나 변화가 더 가능할지 부단히 생각했다. 그 결과 의료 혁명을 이룬 세계 최초의 클리닉이 탄생했는데, 바로 아라빈드 클리닉이다. 같은 맥락에서 일련의 혁신적인 자회사가 쏟아져 나왔다.

여기서 아라빈드 클리닉이 이룬 혁신 내용을 모두 소상하게 설명할 필요는 없을 듯하다. 한 의사의 따뜻한 마음과 소박한 결정이 완전히 새로운 결과를 낳을 수 있었다는 사실 하나만 해도 대단히 인상적이다. 그로 인해 지금까지 우리가 백내장과 관련해 당연시해 왔던 의료 제도나 절차들이 근본적으로 시험대에 올랐으니 말이다. 아라빈드 클리닉은 그런 혁신을 통해 백내장 수술비를 무려 95퍼센트나 줄일 수 있었다. 그에 힘입어 이 클리닉은 전국의 250만 환자들을 위해 시행되던 의료 서비스의 60퍼센트를 극빈층 환자들에게 무료로 제공할 수 있게 되었다. 그렇게 해도 아라빈드 클리닉은 적자를 내지 않았고, 오히려 투자액의 25퍼센트에 이르는 수익을 거둘 수 있었다. 그리고 그 수익은 최우선적으로 연구 및 개발, 그리고 더 많은 사회봉사, 나아가 같은 의료 분야 안에서의 유사한 다른 혁신들을 위해 요긴하게 사용되었다. 이런 변화 뒤에는 세상의 가난한 사람들을 위해 의료 혁명을 이루겠다는 야심 찬 목표가 있었다.

또한 아라빈드 클리닉은 매우 다양한 요금제를 도입했다. 그런 식으로 수많은 혁신을 이루고 특허까지 많이 따낸 덕에 엄청난 비용 절감을 이루었다. 그러다 보니 극빈층을 위한 무료 진료를 하면서 중산층 환자들에게도 실제 비용 위주의 적은 돈만 받는 것이 가능해졌다. 미국의 부자들도 아라빈드 클리닉이 도대체 어떻게 수술하는지 알아보기 위해 백내장 수술을 하러 인도로 갔다. 가장 중요한 것은 비용 절감이 아니라 서비스의 질이었다. 아라빈드 클리닉은 자타가 공인하는 안과 수술 전문 기관이 되었으며, 이제 아라빈드는 백내장 수술에서 단연 세계 최고로 통한다.

미국의 경제학자 C. K. 프라할라드는 아라빈드 클리닉 사례를 면밀히 살피면서 다음과 같이 말했다. 극빈층을 위한 특수 서비스나 제품에 대한 혁신이 두루 이루어지면 의료 서비스의 질도 향상할 수 있고, 나아가 중산층 이상의 여유로운 사람들을 위한 서비스나 제품에서도 많은 도약이 가능해진다는 것이다.

아라빈드 클리닉은 여러 기능을 동시에 수행하는 의료 기관으로 발전했다. 특히 가난한 사람들을 위한 서비스 혁신을 이룬다는 목표 아래

이 클리닉은 의료 분야에서 지속적으로 새로운 특허를 일구어 내고 있다. 물론 이 새로운 특허들은 전 세계의 모든 사람에게 유용하게 쓰일 수 있다. 아라빈드 자회사 중 하나는 콘택트렌즈를 아주 싼 가격으로 생산하는 데 있어 이미 세계 3위 수준에 올라섰다. 결국, 사회 혁신 및 혁신 기업들은 혁신과 효율, 그리고 사회적 효용과 경제적 효용을 동시에 추구한다. 이런 면에서 혁명적이기도 하다. 요컨대 이들은 생태적, 사회적, 그리고 경제적 세계를 근본적으로 새롭게 통합함으로써 세상을 혁신한다.

그라민 그룹도 방글라데시의 보건 의료 시스템의 개선에 성공적으로 기여했다. 2010년에 시작된 그라민 의료 프로젝트는 방글라데시의 가난한 농촌 지역에 괜찮은 의료 시스템을 구축하려 했다. 다른 개발도상국들과 마찬가지로 방글라데시 역시 의료 양극화, 즉 의료 시설이 대도시에 집중되어 있는 반면 농어촌 지역에서는 만성적 결핍이 나타나는 문제를 안고 있다. 의사들은 대부분 시골에서 살려고 하지 않는다. 혹시 시골에 머무는 경우가 있다 하더라도 잠시 의료 봉사를 나갈 때뿐이다. 게다가 환자를 돌보는 인력이 절대 부족하기 때문에 상황은 더 열악하다. 방글라데시의 경우 간호사가 너무 부족해 의사 4명당 1명밖에 배치되지 않는다. 그래서 그라민 의료의 새 프로젝트도 바로 인력 부족 문제를 해결하기 위한 것이었다. 그것은 빠른 시일 안에 간호사를 10만 명이나 양성한다는 계획이었다.

국제적 조직이나 국제 구호 단체가 꾸려 나가는 보건 의료 프로젝트들은 대부분 가난한 지역, 특히 농어촌 지역에 의료 시스템을 갖출 때

체계적인 변화의 길을 선택하지 않는다. 그저 '전형적인 서양식' 사고만 하기 때문이다. 그들은 서양식 장비를 갖추고 서양의 약품을 가져다주며 보건 의료 조직 체계도 서양식으로 갖추면 된다고 생각한다. 그러다 보니 그들이 도우려는 가난한 지역의 사람들을 돕기는커녕 걸림돌이 되고 만다. 그들이 하는 방식대로 하면 쓸데없이 사회 비용만 높아지기 때문이다. 현지의 어려운 사람들은 되도록 많은 사람에게 가능한 한 빨리, 의료 서비스 혜택이 골고루 가기를 바란다. 그런데 서양식 해법은 괜스레 비용만 높여 극히 일부의 돈 있는 사람들만 혜택을 볼 수 있기 때문에 가난한 사람들에게는 별 도움이 되지 않는다. 비싼 의료 기관은 충분하지도 않은 기존의 예산마저 더욱 빠른 시간 안에 바닥내고 말 뿐이다.

절대적으로 의사가 부족하고 간호사는 더 부족한 가난한 농어촌에서는 이런 이유로 인해 건전하고 유기적인 의료 제도가 탄생하기 어렵다. 이런 상황을 잘 파악한 그라민 그룹은 새로운 시스템을 생각해 냈다. 농어촌에서 간호사의 체계적 양성, 지속적인 코칭과 원격 향상 교육 등을 집중적으로 하되, 도시의 의사들이 휴대폰으로 이를 진행하는 것이다. 바로 여기서 휴대폰이 (가난한 농어촌 지역에 필요한) 저렴하고 효과적인 의료 기관을 위한 간호사의 양성 및 지속적인 교육에 대단히 중요한 도구로 등장했다. 물론 휴대폰은 이런 역할만이 아니라 매우 중요한 의료 기술적 도구가 되기도 한다. 왜냐하면 상당히 많은 질병 징후가 휴대폰의 촬영 기능을 통해 직접 도시의 의사나 병원에게 전송될 수 있어, 세계 어디서건 가장 빠른 시간 안에 전문가적인 진단과 조언을 얻기 쉽기 때문이다. 이미 진행되고 있는 낙후된 농촌 지역에서의 보건 의료 체계 구축과 더불어 앞으로 더욱 광범위한 인구 층을 위한 보건 의료적 계몽, 각종 예방법 안내, 간호사의 양성 교육 및 지속적인 교육, 각종 질병 진단, 전문적 원격 코칭 등이 참된 혁신을 위해 대단히 중요하다. 게다가 각 마을 현지에서 질병을 더 정확히 진단할 수 있는 장치들이 개발되면 이러한 변화에도 가속도가 붙을 전망이다.

사회적 기업가들이 주목한
장애인의 특별한 능력

　북유럽 덴마크에 사는 토킬 존네는 자폐증을 앓는 아들을 두었는데, 앞으로 수년간 아들의 인생행로가 지금까지처럼 딱딱하게 굳어 있지는 않을까 하는 걱정에서 벗어날 수 없었다. 자폐증과 연관된 특징들이 그의 아들을 벽처럼 둘러싸고 있었다. 인간관계의 지속적인 단절과 고립, 노동 능력 상실, 강도 높은 보살핌의 필요성, 주변의 모두가 느끼는 심리적 압박과 스트레스 증대가 바로 그것이다. 그것도 일시적이 아니라 평생 계속적으로 말이다. 다행히 덴마크에서는 이런 경우 비교적 괜찮은 의료 및 복지 서비스가 제공된다는 사실이 어느 정도는 위로가 되었다. 하지만 문제가 다 해결되는 것은 아니었다. 그의 아들을 자폐증의 평생 감옥에서 벗어나게 해 줄 방도는 전혀 없을까?

　바로 그때 존네는 아들이 가진 잠재력에 주목했다. 그는 곰곰이 생각했다. 도대체 자폐아는 무엇을 할 수 있을까? 이 아이가 다른 사람들로부터 인정받을 정도로 잘하는 게 무엇일까? 아마 '레인 맨'이라는 영화를 본 사람이라면 그 해답을 알 것이다. 그 영화에서 더스틴 호프먼은 자폐증이 있는 주인공으로 등장해서 나름의 특수한 재능을 잘 보여 주었다. 그러나 그때까지 토킬 존네처럼 그런 질문을 던지는 사람은 아무도 없었다. 그런 질문에서 나름의 탁월한 결론을 이끌어 낸 이는 더욱 없었다.

자폐아는 대개 특별한 숫자 기억력을 갖고 있다. 여러 숫자가 나열된 경우에 일반인들은 두 손을 들고 말지만 자폐아들은 절대 기죽지 않는다. 자폐아들은 모든 숫자를 그냥 집어삼킨 뒤 거의 기계처럼 정확하고도 신속하게 그대로 다 토해 내듯 말한다. 바로 이런 능력이 오늘날 정보기술 회사들에 요긴하게 쓰인다. 당연히 보수도 높다. 이런 회사에서는 무척 긴 숫자 행렬과 씨름하는 업무가 주어지는데, 웬만한 숫자광도 금세 지치고 만다. 그러나 자폐아들은 다르다. 아마도 이런 회사는 자폐아들에게 가장 이상적인 일터일 것이다. 그래서 토킬 존네는 인텔이나 마이크로소프트와 같은 정보기술 회사에 문의를 하기도 했다. 마침내 그는 스스로 정보기술 회사를 하나 차렸는데 이 회사(Specialisterne)는 현재 120명의 자폐증 환자를 고용할 뿐 아니라 해외 지사까지 낼 계획도 가지고 있다. 이 회사는 통상적으로 보살핌이 필요한 환자들을 고용하지만, 오히려 이들을 다른 기업에서도 얼마든지 일을 잘할 수 있도록 변화시킨다. 그러다 보니 이들은 자존감이 근본적으로 향상되고 당연히 삶의 모든 면이 바뀌게 된다. 내가 이런 얘기를 친구에게 했더니, 그 친구는 아마도 우리가 장애인에 대한 시각을 바꿔야 하지 않겠느냐고 말했다. 즉, 장애인이 아니라 특수한 능력을 가진 사람들로 보아야 한다는 것이다.

독일 뒤스부르크의 부인과 의사 프랑크 호프만도 장애인들을 특별한 재능을 가진 사람들로 바라보았다. 그는 여성의 유방암을 되도록 초기에 정확히 진단할 수 있는 사람을 찾고 있었는데, 어느 날 갑자기 한 가지 생각이 떠올랐다. 아마도 맹인 여성이 그런 진단을 잘 해내지 않을까 하는 생각이었다. 실험을 몇 차례 해 보니 놀랍게도 그의 추측이 들어맞았다. 사실, 맹인들은 '일반' 사람들에 비해 손 감각이 탁월하게 발달한다. 그래야 장애를 딛고 이 험난한 세상을 헤치며 살아갈 수 있기 때문이다. 그 후 이 의사는 맹인 여성들을 체계적으로 교육하여 일종의 전문 인력으로서 공식 인정을 받게 만들었다. 맹인 여성도 자폐증 환자처럼 오히려 장애로 말미암아 나름의 탁월한 감각을 가질 수 있다는 것이다. 사회적 인정을 받다 보니 연이어 좋은 일들이 벌어졌다. 즉, 삶에 대한 특별한 감수성, 대단히 높아진 자존감, 건강의 현저한 개선, 소득 상황의 개선, 그리하여 전반적인 생활의 개선이 이루어졌다.

맹인들은 잃어버린 시력 대신 다른 여러 감각이 특출하게 발달한다. 그래서 그들은 귀나 손가락, 그리고 손이나 코를 써서 '보는' 능력을 발휘함으로써 우리 모두를 놀라게 한다. 이것은 맹인이 아니면 누구도 할 수 없는 일이다.

함부르크의 사회적 기업가 안드레아스 하이네케 역시 바로 이런 원리에 기초해서 대단히 매혹적인 사회적 기업을 세웠다. '어둠 속의 대화'라는 박물관이다. 박물관 직원들도 맹인인데, 일반인들을 어둠의 세계로 안내하여 많은 가르침을 준다. 특히 일반 사람들이 지니고 있지만 평소에 느끼지 못하는 감각, 즉 눈 없이도 볼 수 있는 또 다른 능력을 새롭게 깨닫도록 한다. 이 박물관이야말로 우리의 오감을 완전히 다른 식으로 인식하고 한층 더 발달시키는 데 있어 최고의 학교가 아닐까 한다. 이런 관점에서 보면 맹인보다 더 나은 안내자나 선생님은 없다. 안드레아스 하이네케가 만든 이 사업 모델, 즉 맹인 박물관은 세계 여러 나라에서 굉장히 빠른 속도로 퍼져 나가고 있다. 2011년 가을까지만 해도 벌써 전 세계에 '어둠 속의 대화' 박물관이 60개나 생겼다. (한국에도 있다!)

사실, 개인 심리학을 창시한 알프레드 아들러는 이미 100여 년 전에 '초과 보상' 개념을 정립했다. 그의 주장은 이렇다. 사람의 특정 부위가 부실하면 그 단점을 극복하려는 마음이 자연히 생긴다. 그런데 그 사람은 자신의 단점을 매우 다양한 방식으로 메우려 한다. 물론 다 같은 정도로 발달하는 것은 아니다. 자신의 고통에 지나치게 집착한 결과 숙명론에 빠져 좌절하는 사람들도 많다. 그러나 자신의 잘못된 운명을 다른 식으로 보상받고자 노력하는 사람들도 있다. 일례로 어떤 사람이 앞을 못 보게 되면 그 대신 다른 감각을 지나칠 정도로 발달시킨다. 그래야 자신이 가진 이동의 자유를 제약받지 않기 때문이다. 물론 그럼에도 완전한 자유를 누리기는 어렵지만 말이다.

지금까지는 신체장애를 가진 사람들의 극소수만이 그런 식의 근본적인 변화를 맛보며 새로운 삶을 시작하고 있다. 이들은 자신의 장애를 보상할 정도의, 즉 본전치기 정도의 수준을 넘어 그 이상의 특수한 능력을 계발하기도 한다. 때에 따라서는 이들이 발휘하는 능력이 가히 천

재성이라 할 만큼 탁월한 수준에 이르기도 한다. 실제로 알프레드 아들 러도, 천재라는 존재가 특수한 유전 인자를 가져서가 아니라 대부분 특 정한 장애를 넘어서기 위해 지나칠 만큼 고도의 특수한 재능을 발휘하 는 사람들이라는 확신을 갖게 되었다. 이것은 단순한 추측이 아니라 그 가 수많은 천재의 생애를 면밀히 관찰한 결과이다. 유명한 화가들은 놀 랍게도 어릴 적에 눈에 장애가 있었고, 저명한 음악가들은 귀에 장애가 있었다는 것이다.

알프레드 아들러의 경험이나 이론에 귀를 기울인다면, 우리 사회와 관련해 무슨 암시를 받을 수 있을까? 아마 현 사회의 수많은 장애인이 특수한 재능을 발굴하여 사회적 고립으로부터 자유로워지고, 기존 사 회 안에서도 얼마든지 당당하게 살아갈 수 있을 것이다. 이러한 초과 보상의 메커니즘은 일반적 교육 시스템에도 응용될 수 있을 것이다. 즉, 모든 사람이 나름의 약점이 있을 텐데, 바로 그 약점을 상쇄하기 위 해 어떤 능력을 발달시키고 있는지 면밀히 찾아낸다면 매우 좋은 교육 적 효과를 거둘 수 있다. 이 얼마나 놀라운 일인가?

설령 일반 학교에서 이러한 특수 능력이 제대로 계발되지 못한다 하 더라도 세계 곳곳의 '평생 학교'에서 이미 오래전부터 행해지고 있으므 로 별로 걱정할 필요는 없다. 프랑스 파리 외곽의 한 빈민가에서는 사 회적 기업가 마지드 엘 자루디가 사람들이 극심한 사회적 빈곤을 상쇄 하기 위해 특수한 능력을 발달시키고 있다는 점에 주목했다. 그가 운영 하는 사회적 기업은 '아디브'라 불리는데, 일종의 헤드헌터 기업이다. 이 기업은 유명한 학교 출신의 인재를 대기업의 높은 자리로 모셔가도록 도와주는 게 아니라, 빈민가 출신의 젊은이들에게 대기업의 고급 일자리를 연결해 주는 일을 한다. 이러한 사업 모델은 처음에는 마치 미친 사람이 헛소리를 하는 듯했지만, 차츰 설득력을 얻으면서 기업들도 고개를 끄덕이게 되었다. 시간이 지나면서 이제 마지드 엘 자루디는 좋은 평판을 얻게 되었다. 그가 빈민가에서도 실물 경제에 뛰어난 능력을 발휘할 경영 인재나 조직 인재를 찾아낼 수 있기 때문이다.

브라질에서도 비슷한 연구 결과가 발표되었다. 브라질의 신생 기업에서 일하는 젊은 스타 경영자 대부분이 자신이 살던 대도시의 빈민가나 쓰레기 더미의 환경 속에서 능력을 '키웠다'는 것이다. 독일의 뤼디거 이반 역시 마찬가지다. 그는 일반 학교에서 모든 학생을 위해, 또는 최소한 '학습 부진아'를 위해 제2의 자격증 같은 것이 있어야 한다고 목소리 높여 주장한다. 그것은 그들이 지닌 '학습 외적인' 능력을 입증하기 위한 것이다. 만일 이런 것이 아이들의 보상 능력이나 초과 보상 능력 같은 것과 결합된다면 아마도 우리 사회는 한 단계 더 고양될 소지가 크다.

또 하나, 아직까지 기존 노동시장에 제대로 통합되지 못한 집단이 있는데, 바로 심리 장애를 지닌 사람들이다. 베를린의 심리학자인 프리드리히 키징거는 이런 사람들을 돕는 일을 평생 과업으로 삼았다. 그는 심리 장애를 지닌 사람들과 함께 '알바트로스'라는 공공 기구를 만들고 추가적으로 공공적인 자회사 조직 같은 것을 만들어 약 500명의 직원을 고용하고 있다. 알바트로스는 만약 심리 장애를 가진 사람에게 적절한 일자리를 주면 긍정적인 안정화 효과를 낳는다는 사실을 간파했다. 대표적으로 베를린의 의류 작업장이나 군델핑거 레스토랑 같은 다양한 분야에서 많은 일자리가 만들어졌다. 그렇지만 마음의 병을 극복한 사람들조차 처음으로 얻은 일자리에서 제대로 적응하는 데는 어려움이 컸다. 알바트로스도 유럽연합 차원에서 제공하는 지원금을 활용하여 이들의 노동시장 안착을 도우려 했는데, 문제에 직면했다. 노동시장에 들어갈 사람들이 만반의 준비가 되었음에도 막상 노동시장은 그들을 위한 자리를 마련해 놓고 있지 않았던 것이다. 이런 상황을 타개하기 위해 일부 수공업 마이스터와 심리 장애를 가진 사람들이 '페가수스'라는 회사에 취업을 하도록 도왔다. 이 회사는 1999년에 세워졌는데, 나중에는 식료업과 출장 뷔페 사업, 나아가 건물 청소 및 거리 벽화 그리기, 그리고 건물 증축 사업 등으로 진출한다.

　물론 예나 지금이나 많은 기업은 심리 장애를 가진 사람을 채용하는 것을 상당히 꺼린다. 반면, 심리 장애를 가진 사람들은 갈수록 늘어난다. 2010년의 경우 직장에서 병가를 낸 사람 중 10분의 1이 심리 장애를 가진 것으로 나타났다. 설령 우울증 같은 위험이 대개 선천적 요인에 의해 나타나더라도, 심리적 질병은 사실상 누구에게나 발생할 수 있다. 페가수스 회사에서 일하는 140명의 직원 중 20퍼센트는 심리적 또는 신체적 장애가 있다.

　페가수스와 알바트로스의 경험을 통해 프리드리히 키징거는, 일이란 것이 심리 치료를 보완해 준다는 것을 알게 되었다. 게다가 (장애인들도 함께한다는 뜻에서) 다양성 경영이란 것도 기업 조직과 문화를 더욱 풍요롭게 하는 것임을 깨달았다. 그에 따르면 어떤 심리 치료든 기업 활동과 연결될 때 비로소 전체 사회적인 관점에서 진짜 성공적인 것으로 간주될 수 있다. 바로 이런 필요성에서 페가수스에 특수한 코칭 팀이 생겨나, 장애인들이 처음 노동시장에 진출할 때 그 연결을 도와주게 되었다. 모든 장애인이 페가수스 안에서 필요한 일자리를 구할 수는 없었기 때문이다.

그런데 페가수스에는 독특한 점이 또 하나 있다. 거기서 일하는 사람들이 필요한 경우 한동안 지속적인 심리 치료를 받을 수 있는 점이다. 즉, 노동과 치유를 동시에 진행할 수 있는 것이다. 이런 점은 다른 사회적 기업들에도 쉽사리 확장될 수 있다. 그래서 갈수록 많은 지역 공동체, 사회적 기업가, 일반 기업이 페가수스의 아이디어에 관심을 갖게 되었고, 어떻게 하면 그것을 벤치마킹하거나 응용할 수 있을지 고심하고 있다. 독일만 해도 페가수스 식의 일자리에 대한 잠정적 수요는 이미 백만 단위를 넘어서는 것으로 추정된다.

'자연'에서 힌트를 얻은
'블루 이코노미' 해법

경제적, 사회적, 생태적 문제를 동시에 푸는, 그리하여 책임 있는 혁신을 가능하게 하는 특별한 원천은 바로 자연이다. 자연은 수십억 년 전부터 영원한 혁신을 시작했다. 자연이 행하는 혁신적 해법들은 원칙적으로, 가장 고도의 체계성을 지니고 있다. 잘 보면 자연이야말로 경제적 합리성의 최고 거장이기 때문이다. 예컨대 사람의 심장을 뛰게 하는 데는 0.03볼트밖에 들지 않는다. 고성능의 유기체인 사람의 몸을 가동하는 데 이 정도밖에 들지 않는 것은 자연의 놀라운 힘이 아닐 수 없다. 자연은 생태적 관점에서도 최고 수준이다. 자연에는 쓰레기가 없기 때문이다. 자연은 모두 재활용이 가능하며, 모든 것이 영원한 순환 경제의 일부가 된다. 나아가 자연은 사회적인 관점에서도 최고를 자랑한다. 자연에서는 모든 존재가 상호 보완적인 요소들로, 서로 시너지 효과를 내면서 수많은 서비스를 제공한다. 이런 점을 염두에 두고 생물학자이자 미래 연구가인 군터 파울리는 다음과 같이 말한다.

"저 푸른 지구의 자연이 온갖 문제를 어떻게 해결하는지 자세히 살펴 보세요. 그리고 나서 여러분이 통상적으로 문제를 해결하는 방식을 자연에서 배운 방식으로 새롭게 바꿔 보세요. 그러면 여러분은 아마 완전히 새로운 해법들을 발전시킬 수 있을 것입니다. 경제적, 생태적, 그리고 사회적으로 지속 가능한 혁신이라는 점에서 말입니다. 그렇게 되면 일종의 '블루 이코노미(Blue Economy)'가 탄생할 것입니다. 이것은 그 자체로 고도의 사회 혁신이 될 것이고 그 자체로 사회를 변화시키는 사업이 될 것입니다."

군터 파울리와 그의 동료들은 자연에 대해 이런 으뜸 원리를 도출해 냈다. 자연에는 어떠한 저작권도 없다! 그래서 이들은 자연에서 배운 모든 혁신적 해법들을 인터넷에 올려 누구나 무료로 활용할 수 있게 하고 있다.

이들이 찾아낸 두 번째 원리는, 자연의 세계에서는 모든 문제를 절대로 일차원적으로만 보아서는 안 된다는 것이다. 어떤 상황에서도 늘 여러 가지 차원의 중요한 문제들이 동시에 존재할 수 있음을 염두에 두고 해법을 찾아내야 한다. 그렇게 되면 다차원적인 문제를 동시에 해결할 수 있는 새로운 길이 열린다. 바로 이런 것이 우리를 종합적 해법의 길로 안내한다. 그렇게 되면 우리는 생태적, 사회적, 그리고 경제적 시각에서 동시에, 또 모든 측면에서 혁신력이 강한 해법을 찾아낼 수 있다. 이게 자연의 강점이다. 그것은 한 가지 시각에서만 해법을 찾는 것과는 비교도 안 될 만큼 대단히 우수하다. 이것은 얼핏 보면 지금까지의 혁신 경로에 완전히 반하는 것처럼 보일지 모른다. 사실은 그렇다. 왜냐하면 이런 방식은 우리가 (대개 경제적 차원에서) 한 가지 문제를 고치려 할 때 반드시 사회적, 생태적 측면도 동시에 고려해야 함을 강조하기 때문이다. 그래야만 새로운 변화를 위한 해법이라는 것도 더욱 탄탄해 지고 지속 가능하게 된다. 실제로 사람들이 자연 생태계와의 관계를 더 깊이 이해할수록 이 새로운 종합적 해법, 이른바 '블루 이코노미' 해법 이 전통적인 경제적 해법(말하자면 '레드 이코노미' 해법)보다 어려워지기 는커녕 더 쉬워진다.

바로 이 점에서 아프리카 짐바브웨의 사례를 한번 살펴보자. 짐바브 웨에서는 예전에 식민지 통치자들이 처음으로 히아신스를 관상용 식 물로 들여왔다. 오랜 옛날부터 히아신스가 자연스럽게 자랐거나 생태 적 순환에 적합한 지역에서는 아무 문제가 없었을 것이다. 그런데 짐바 브웨의 생태적 조건은 그렇지 않아서 큰 문제가 생겼다. 물이 많은 특 정 지역에서 히아신스가 너무 빨리 자라는 바람에 강이나 호수를 순식 간에 전부 뒤덮어 버렸다. 사실 이런 강이나 호수는 생태적으로나 사회 적으로 대단히 큰 의미가 있는 곳인데, 이로 말미암아 큰 문제가 생기 고 말았다. 물가에서 고기를 잡던 배들이 지나다니기 어려워졌고 심지 어 낚시하는 사람들도 고기를 잡지 못하게 되었다. 이들에게는 물고기 가 생계의 주된 원천인데 말이다.

짐바브웨에서 발생한 또 다른 문제는, 에이즈를 일으키는 인체 면역 결핍 바이러스(HI-Virus)가 급속히 퍼지는 바람에 고아들이 급증한 점 이다. 그래서 아프리카 남부 지역에서는 부모 없는 아이들이 수백만에 이른다. 이들은 생계를 이어 갈 어떤 수입원도 없다.

세 번째 문제는 이 지역 사람들의 영양 상태가 전혀 균형이 잡히지 않았다는 점이다. 그러다 보니 건강상의 여러 문제가 발생하고 있었다.

이를 해결하기 위해 여러 사람이 나섰지만, 대부분은 이 문제들을 통합해서 보지 않고 개별적으로 보았다. 우선 히아신스 문제를 풀기 위해 국가에서 모집한 노동자들이 나서게 되었다. 노동자들은 히아신스로 뒤덮인 지역에서 히아신스를 깨끗이 뽑아내는 일을 계속 해냈다. 그리고 그 '쓰레기'를 계속 치워야 했다. 과연 그 결과는 어떻게 되었을까? 한마디로, 공동체에 무한한 부담이 되었다. 이 지역에 사는 코끼리나 얼룩말은 히아신스에서 나오는 섬유질의 바이오매스를 싫어했다. 게다가 히아신스를 깨끗이 뽑아내고 특정한 곳으로 내다버리는 일도 쉽지 않았다. 그 지역의 공동체는 늘 재정 부족에 시달리고 있었다. 즉, 그 일을 하는 사람들에게 충분한 보상을 할 수 없었고 따라서 인력이 턱없이 부족했던 것이다.

바로 이때 사회 혁신가들이 나타났다. 이들은 블루 이코노미 사고방식으로 혁신을 주도하는 이들이라, 이 지역이 직면한 세 가지 문제를 동시에 해결할 수 있는 좀 더 나은 방법을 고안해 냈다. 히아신스의 바이오매스는 그 지역 동물들이 먹어치우기에는 너무 큰 부담이었지만, 버섯을 키우기에는 매우 이상적인 양분이 된다. 그리고 이 버섯은 지역 주민들에게 매우 좋은 영양 공급원이 된다. 일단 사람들이 그런 사실을 알고 요리 메뉴에 버섯을 포함하기만 한다면 사람들은 훨씬 더 건강해지고, 균형 잡힌 영양 섭취를 할 수 있게 된다. 사실 몇 세대 전만 해도 버섯은 지역민들에게 기본 영양제 역할을 했다. 그러나 식민지 세력이

들어오면서 모든 게 뒤바뀌었다. 이제 버섯 재배가 새롭게 활기를 띠면서 여태껏 노동시장에서 배제되었던 고아들이 안정된 소득원을 찾게 되었다. 이들은 버섯 재배를 위해 히아신스를 거름으로 쓸 필요가 있었기 때문에 강가에 넘쳐나는 히아신스를 모두 신바람 나게 정리했다. 결국, 경제적인 효용도 높이고 생태적인 문제도 완벽하게 해결했으며 고아와 빈곤이라는 사회적인 문제도 훌륭하게 해결했다. 바로 이것이 '블루 이코노미' 해법이다.

그사이에 지역민들은 히아신스의 새로운 효용을 발견했다. 사람들은 히아신스를 이용하여 등나무 가구 못지않은 멋진 가구를 만들어 냈다. 실제로 귄터 팔틴이 운영하는 시범 작업장은 히아신스로 탁자, 의자, 소파 같은 가구를 멋지게 만들어 유럽 시장에 내다 팔게 되었다.

어쩌면 이렇게 시스템 전체를 생각하는 것이 하나의 측면에서만 생각하는 것보다 훨씬 쉬울 수 있다. 인간은 본래 체계적인 사고능력을 타고났기 때문이다. 어렸을 때를 한번 생각해 보자. 어린이들은 사물이 도대체 무엇으로 이루어졌는지, 각각의 사물이 어떻게 연관되는지 알고 싶어서 온갖 사물에 대해 호기심이 많다. 그런데 성장하면서 부모나 선생님이 아이에게 특정한 능력에 주목할 것을 은근히 강요하는 바람에 아이들은 점점 사물을 상호 연관성 속에서 바라보는 시스템적 사고능력을 잃어버린다. 어른들은 대개 아이들이 특수한 한 가지 능력만 잘 발달시키면 나중에 전문가로서 좋은 직업을 찾는 데 도움이 된다고 생각한다. 하지만 그러는 동안 아이들은 사물을 상호 연관성 속에서 바라보는 능력을 잃고, 그러다 보니 총체적인 문제 해결 능력이나 행동 전략을 발달시키기 어려워진다.

지금부터라도 원래의 체계적인 사고 능력을 재발견하고 다시 활성화한다면 우리 모두는 훌륭한 사회 혁신가가 될 수 있다. 이를 위해 현실에 대한 지식을 총체적으로 습득하고 다른 사람들과의 인간적인 교류도 활발하게 할 필요가 있다. 바야흐로 인터넷 시대라 이런 것이 이미 집단적인 기본권처럼 실현되고 있으니 순풍이 부는 셈이다. 따라서 우리 자신이 가진 기업가적인 자질들을 사회 혁신적 경영 활동으로 연결하는 것은 시간문제다.

이 책에 인용된, 부분적으로는 꿈과 같은, 혁신적이고 파급력이 강한 사회 혁신들, 그리고 사회 혁신적 사업들은 실제 존재한다. 그리고 이런 식의 새로운 기업들이 오늘날 전 세계에서 쑥쑥 생겨나고 있다. 영국에서는 수만 개나 되는 사회 혁신적 기업들이 일정한 연맹체를 만들어 활동하고 있다. 과연 이 모든 기업의 공통점은 무엇일까? 그것은 이모든 기업이 단순히 돈만 벌려는 것이 아니라 사회적으로 첨예한 문제들을 체계적으로 해결하려는 목적을 지녔다는 점이다. 이런 기업은 구성원들에게 시장 수준 또는 그 이상의 보수를 주면서도 수익을 내고자 노력하는데, 기존 기업과의 차이점은 이익을 기업주가 독차지하는 것이 아니라 사회적 문제나 생태적 문제를 총체적으로 해결하는 데 다시 투입한다는 데 있다.

삶의 온갖 문제를 풀어낼
'사회 혁신적 사업'

　미국의 빌 드레이턴은 1981년에 '아쇼카(Ashoka)'라는 사회적 기업 지원 조직을 창설한 뒤 지금까지 70여 개 나라에서 2,700가지가 넘는 온갖 사회 혁신을 발굴하고 추진했다. 독일에서는 2003년에 콘스탄체 프리쉔과 펠릭스 올덴부르크가 아쇼카를 창설했다. 놀랍게도 굉장히 짧은 시간 안에 이 조직은 가장 강력하고 혁신적인 기구로 등장했다. 많은 사람은 이 사회 혁신적 패러다임이 얼마나 많은 영감과 변화를 일구어 낼 수 있는지에 놀라며 눈을 번쩍 뜨게 되었다. 무함마드 유누스 총재는 이러한 움직임에 더욱 힘을 실었다. 그는 사회적 혁신이 항상은 아니더라도 최소한 우리가 당시에 상상하던 것 이상으로 경제성도 담보할 수 있음을 보여 주었기 때문이다. 드레이턴은 사회 혁신가를 사회적 기업가라 불렀다. 그들이 가진 기업가적 혁신 정신을 강조하기 위해서였다. 그리고 유누스 총재는 경제적으로 자립을 달성한 사회 혁신적 기업을 소셜 비즈니스라 불렀다.

이렇게 해서 마침내 새로운 세대의 사회 혁신가들, 사회적 기업가들이 탄생했다. 더 나은 세상을 만들려는 목적의식을 갖고 뜨겁게 추진되는 사업들은 화폐적 이윤만 추구하던 기존의 '냉혹한 경제'에 비해 '사회적 이익' 즉, 의미 있는 공익을 추구하기 때문에 많은 이에게 매력적으로 느껴졌다. 마침내 이런 사명을 이행할 시기가 찾아왔다. 우리가 직면한 사회적, 생태적인 문제를 경제적으로 해결한다는 사명은 마치 들판의 불처럼 급속도로 번져 나갔고, 좀 더 나은 세상을 만들어 보려는 새로운 시도들을 더 강력히 재촉했다.

그런데 유누스 총재의 천재적이고 매혹적인 구상에도 실현 가능성을 스스로 제약하는 장애물이 있었다. 그 장애물은 유누스의 소셜 비즈니스 개념 그 자체에 있었는데, 유누스에 따르면 사회 혁신적이면서도 사회 헌신적인 기업만이 소셜 비즈니스가 될 수 있었다. 이 말은 투자자들에게 이윤 배당을 전혀 하지 않으며, 심지어 물가 인상분을 감안한 보상조차 전혀 하지 않는다는 뜻이었다. 그런 탓에 무함마드 유누스의 생각과 활동에 깊이 감화되었던 사람들조차 이 부분에는 동의하지 못했다. 그러나 이들도 유누스 총재의 기본적인 철학과 신념에는 강한 믿음을 갖고 있었기에 그의 생각과 활동을 보다 새로운 형태로 발전시키려 노력했다. 그것은 소셜 임팩트 비즈니스(사회 혁신적 사업)로 나타났는데, 물론 단순히 화폐 수익만 추구하는 것과는 질적으로 다른 것이다. 효과적인 사회 혁신을 수행하되 물가 상승분이나 투자자에 대한 최소한의 배당금 정도는 감안할 수 있어야 한다는 점에서 무한 이윤을 추구하는 여타 사업과도 다르고 배당금조차 주지 않는 소셜 비즈니스와도 다른 셈이다. 바로 이 점이 우리의 눈길을 강하게 끄는 부분이기도 하다. 따라서 우리는 사회 혁신적 사업의 구체적 형태가 다소 다르게 나타나더라도 열린 눈으로 보아야 한다. 그러면서도 건설적인 비판을 아끼지 말아야 하며 새로운 시도들이 부단히 개선될 수 있도록 용기를 북돋워야 한다.

이제 경제의 새로운 활력소가 될 사회 혁신적 사업이란 단순히 순수하고 박애적인 투자자들의 소규모 영역에만 국한되는 것이 아님을 알아야 한다. 그렇지 않으면 상당한 잠재력을 가진 혁신 사업들이 매우 작은 부분에만 국한될 우려가 있다. 예컨대 앞서 말한 아라빈드 클리닉은 사회적 혁신력이라는 측면에서 그라민 은행보다 못한 점이 없다. 그러나 유누스 총재가 말하는 의미의 소셜 비즈니스에는 들어가지 않는다. 이윤의 일부분이 투자자들에게 배당금으로 돌아가기 때문이다. 바로 여기서 이런 질문을 던질 수 있다. 사회적 의미를 추구하는 기업들이 설사 일부 이윤을 배당금으로 지급하더라도 굳이 본연의 사회적 사명감이나 사회적 파급력이 과소평가될 필요가 있을까? 사회 혁신이라는 비슷한 동기를 가진 혁신가, 기업가, 투자자 들을 모두 동등하게 존중하고 지지할 수는 없을까? 나아가 이런 질문도 가능하다. 왜 (노후 연금을 사회 혁신적 사업에 투자하여 조금의 배당금이라도 얻고자 하는) 노동자들은 바스프(BASF, 독일 바이에른 주 루드빅스하펜에 본거지를 둔 다국적 화학 회사) 같은 기업 정도의 사회적 동기를 가질 수 없나? 바스프라는 화학 회사는 수익의 일부를 그라민 은행과 함께 소셜 비즈니스 형태의 조인트 벤처(합작 사업)를 하는 데 기꺼이 쓰고 있다. 슬기롭고 투명하게만 운영

된다면, 사회 혁신적 투자라는 것은 박애적 사업에 대한 투자보다 못한 점이 없지 않을까?

여기서 잠시 무함마드 유누스 총재가 말하는 소셜 비즈니스, 그리고 혁신적인 내용은 거의 같지만 처음부터 약간의 자본 수익을 기대하고 투명하게 운영하는 사회 투자 사업(Social Investment Business)에 대해 살펴보자.

사회 혁신적 사업(Social Impact Business)이란 온갖 사회적 문제를 해결하기 위해 질적으로 다른 사회 혁신을 추구하되, 경제적 자립도 가능하게 하는 모든 노력을 총칭하는 개념이다. 우리의 미래는 이제 사회적 혁신 없이는 희망이 없다. 즉, 위기에 빠진 사회적, 생태적 측면의 문제들을 보다 혁신적이고 지혜로운 방식으로 풀어내는 변화가 시급하다. 바로 이런 맥락에서 사회 혁신적 사업이 중요하게 떠오른다. 사회 혁신적 사업이란 기존의 경제나 경영과는 달리 사회적, 생태적 혁신을 경제성 있게 추진하려는 새로운 방식이다. 물론 여기서도 유누스 총재가 말하는 소셜 비즈니스, 즉 어떠한 수익성 또는 배당금도 배제하는, 순수한 사회사업이 중요한 역할을 한다. 장기적으로는 이것이야말로 모든 사회 혁신적 사업에 강력한 도덕적 힘을 부여할 것이다. 그럼에도 기억해야 할 것은 사회 혁신 운동은 다양할 수밖에 없다는 점, 그리하여 사회 혁신 프로젝트가 제아무리 강력하다 하더라도(특히 유누스 식의 '배당금 없는' 순수 혁신 프로젝트가 가진 파급력처럼) 그 하나만으로는 다양한 사회 혁신 프로젝트의 종합적 효과에 견줄 수 없다는 점이다.

지난 10년 사이에 부각된 경제적 인식 하나가 이를 뒷받침해 준다.

아마 지금까지의 가장 중요한 경제적 깨달음 중 하나인지도 모른다. 대표적으로 C. K. 프라할라드가 그런 인식에 이르렀다. 그는 《포브스》라는 경제잡지의 설문 조사에서 2008년과 2010년에 세계에서 가장 중요한 경제학자로 손꼽힌 인물이다. 그는 광범위한 조사 연구를 통해 얼핏 모험적으로 들릴 수도 있는 결론에 이르렀다.

"차세대 혁신은 아마 '피라미드의 밑바닥'을 위한 사업 모델(물론 그를 위해 필요한 기술적, 사회적 혁신을 포함하여)을 창출하는 데서 시작할 것이다. 그리하여 빈곤과 빈곤으로부터의 탈출이라는 두 축의 중간 지점에서 세계적 차원의 새로운 시장이 폭넓게 열릴 것이다. 누군가 가장 가난한 계층을 목표로 경제적으로도 효과적인 제품이나 서비스를 제공할 수 있다면, 아마도 미래 시장은 그의 것이 될 것이다. 그런데 그런 혁신이 경제적으로도 효과가 있으려면, 아라빈드 클리닉의 사례에서처럼 제품이나 서비스의 비용도 획기적으로 낮아져야 한다. 따라서 여태껏 우리가 견지해 온 모든 사고방식을 완전히 바꾸어야 한다. 그렇게 되면 세계 시장에 진출하는 데에도 아무 문제가 없을 것이다." 프라할라드의 인식에 따르면, 그런 모델이 창출되면 가격이 대단히 저렴하면서도 품질 또한 훨씬 좋아진다.

여태껏 소외되었던 계층들의 어려움을 풀어 주고자 만든 제품이나 서비스, 즉 사회 혁신이나 사회 혁신적 사업은 요컨대 '사회생태적 경제 기적'의 원동력이 되어 온 세상을 새롭게 만들 것이다. 그것은 빈곤으로부터 벗어나는 수많은 길 중에서 가장 뜻깊은 시도가 될 것이다. 갈수록 많은 기업이 이런 점을 하나씩 인식하고 있다. 그래서 오늘날 서양의 많은 기업이 그라민 은행과 사회사업(소셜 비즈니스)을 함께하고자 동반자(조인트 벤처의 파트너) 관계를 맺는다.

이런 효과를 가장 잘 보여 주는 사례가 바로 가장 가난한 지역에서도 휴대폰이 급속히 확산된 일, 형편이 좀 더 나은 지역의 경우 휴대폰이나 휴대용 텔레비전의 가격이 급격히 떨어질 수 있었던 일이다. 이것이 가능했던 한 가지 이유는, 가난한 개발도상국에서 휴대폰이 가질 수 있는 사회적 혁신 효과를 발견했기 때문이다.

사실 대부분의 선진국 휴대폰 회사들은 가난한 사람들에게도 휴대폰이 상당히 많이 팔릴 거라고는 상상도 못 했다. 그러나 무함마드 유누스는 가난한 사람들, 더구나 글자를 잘 모르는 사람들에게도 휴대폰 사용의 기회를 과감히 주었다. 그는 가난하고 못난 사람들도 일단 휴대폰이 쓸모 있다고 느끼면 분명히 사용법을 잘 배울 거라고 생각했다. 그의 예상은 들어맞았다. 얼마 지나지 않아 무려 10만 명 이상의 그라민 '전화 아가씨'들이 휴대폰 임대법을 배웠고 고객들도 이 새로운 기계의 효능을 금방 알아차렸다. 그들은 스스로 현지 시장에서 적정한 휴대폰 가격이 얼마나 될지에 대해 여기저기 비교하면서 알아보기도 했다. 이런 식으로 휴대폰은 세상의 가장 가난한 나라에서조차 대단한 인기 상품이 될 수 있었다. 이렇게 시장이 확장되면서 휴대폰 사용 고객층도 더욱 급속히 늘었고, 그러다 보니 흥미롭게도 선진국의 고객들조차 휴대폰을 더욱 저렴하게 구입할 수 있게 되었다.

앞서 말한 프라할라드의 주장은 비단 가난한 개발도상국에만 해당하는 것이 아니다. 잘사는 선진국에서도 '피라미드의 밑바닥'에 사는 사람들이 많기 때문이다. 사실 이들은 최근의 신자유주의 세계화 과정에서 갈수록 주변화되어 그 숫자가 오히려 증가했다. 게다가 시장의 실패나 국가의 실패로 상황은 더욱 나빠졌다. 그러나 만약 유럽의 보험 회사들이 새로운 상품을 개발하여 유럽 안에서 사회경제적 약자들에게 널리 제공한다면, 즉 지속 가능한 방식으로 사회경제적 상황을 개선함으로써 진짜배기 사회 혁신을 꾀한다면, '작은 틈새시장' 차원이 아니라 오히려 그 반대의 차원을 열어 낼 것이다. 만일 누군가 먼저 사람들이 직면한 삶의 온갖 문제를 보다 광범위하게 인지하고, 갈수록 심각해지는 교육 문제를 함께 들여다보기 시작한다면, 그는 사회 혁신이나 사회 혁신적 사업이 꼭 필요하다는 것을 알게 될 것이다. 게다가 만약 국가나 정부가 예전과는 달리 권력 기구로서가 아니라 일종의 '사회적 투자가'로서 다시금 정립될 수 있다면, 그리하여 가장 훌륭한 사회 혁신이나 사회 혁신적 사업(아이디어나 사업체)을 기꺼이 지원한다면, 아마 우리는 현존 사회 내부에서도 어마어마하게 넓은 새 영역을 개척할 수 있을 것이다. 바로 여기서 과거에도 사회 혁신이 가난 극복에 대단히 중요한 역할을 했음을 상기할 필요가 있다. 과거의 신용협동조합은 원래 빈곤으로 말미암은 삶의 애로를 타파하기 위해 생겨난 것인데, 이것은 오늘날의 그라민 은행과 같은 소액 대출 제도처럼 사회의 가장 가난한 사람들, 즉 '피라미드의 밑바닥'을 위해 존재했다.

또 다른 예로, 스위스의 고틀리에프 두트바일러(1888~1962)가 스위스 최대의 슈퍼마켓 체인점 '미그로스'를 혁신적으로 도입하고 그와 연결된 할인 매장을 통해 가난한 사람들도 괜찮은 품질의 생필품을 저렴

하게 구입할 수 있게 한 일이 있었다. 이것은 마치 오늘날 '그라민 다농'
이라는 회사가 일반 생필품 영역에서 사회 혁신적 사업 활동을 수행하
는 것과 같다. 그라민 다농에 대해서는 차후에 자세히 살펴보겠다.

그렇다면 과연 혁신적 경제 및 사회가 세계적 차원에서 꽃을 피우려
면 어떻게 해야 할까? 아마 특별한 혁신 문화가 전 세계에서 얼마나 번
창할 수 있는가에 좌우될 것이다. 특별한 혁신 문화란 결국 모든 사람
을 위해 빈곤 극복이나 재생 가능한 에너지의 보급과 같은 사회 문제
해결에 헌신하는 문화일 것이다. 하지만 생태적, 사회적인 혁신 또는
혁명은 반드시 쓰라린 과정을 겪을 수밖에 없다. 일례로, 우리는 오늘
날 지구가 제공하는 자원의 1.5배를 소모하고 있다. 결국, 지구가 제공
하는 재생 가능한 자원의 능력에 걸맞게 살아가려면 엄청난 절약을 포
함한 생태적 혁신이 절실하다.

지구촌 인구의 3분의 2가 너무나 비인간적인 조건 아래 살아가고 있
다는 사실, 그리고 좀 잘산다는 선진국에서는 사회보장제도 등 그간 이
룬 사회적 성취들이 갈수록 줄어들고 있다는 사실도 기억해야 한다. 이
렇게 엄청난 사회적 과제들을 해결하려면 강력한 사회 혁신 프로그램
이 줄기차게 나와야 한다. 문제는, 과연 이런 변화를 체계적으로 촉진
할 수 있는 방법이 무엇인가, 그런 변화가 참으로 전면적이며 구조적인
변화로 도약하도록 만들 방법이 무엇인가 하는 점이다.

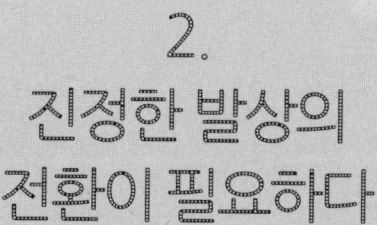

2.
진정한 발상의
전환이 필요하다

사회 혁신 마인드가
패러다임 전환의 동력이다

2010년 9월에 새로운 싱크탱크(Think-Tank)를 구상하며 여러 가지 이야기를 나누던 중, 베른트 콜프는 최근에 고심하고 있던 아이디어 하나를 말했다. 그 이야기는 우리를 괴테의 색상학으로 초대했고, 나를 가볍게 소풍 가는 기분이 들게 만들었다. 그 설명은 정말 매혹적인 깨달음을 기초로 하고 있었다.

만일 푸른색과 붉은색, 초록색을 가지고 계속 덧칠한다면 과연 그 결과는 어떻게 될 것인가, 하는 것이었다. 만약 우리가 이 세 가지 색의 물감으로 세 가지 원을 그려 각각의 색으로 채우되 서로 겹치게 그린다면 아마도 가운데에 겹치는 부분은 검은색이 될 것이다. 그런데 동일한 과정을 물감이 아니라 빛으로 실험한다면 그 결과는 검은빛이 아니라 하얀빛으로 나올 것이다.

우리는 이 기본적인 자연 현상에 대한 이야기를 듣고 중요한 깨달음을 얻었다. 실제로 우리는 오랜 고정관념 같은 것을 벗어 버리려 노력했다. 그래야만 인간 사회가 직면한 다양한 문제를 올바로 풀 수 있다고 믿었기 때문이다.

우리는 경제, 생태, 사회의 문제들을 결코 상충적인 관점에서 보지 않고 상보적인 관점에서 보기 시작했다. 이들은 서로를 보완하고 서로 지지하며 서로 활력을 제공하는 요소가 될 수 있다. 실제로 우리 삶이란 그런 분리 불가능한 요소들의 총체가 아니던가? 전통적으로 경제, 사회, 생태, 이 세 가지 측면은 각기 하나의 색깔과 연결되어 있었다. 푸른색은 경제 또는 합리적인 학문, 그리고 효율화, 합리화의 상징이었다. 붉은색은 감정이나 정서, 그리고 특히 사회의 상징이었다. 끝으로 초록색은 자연 생태계의 상징이었다.

푸른색, 붉은색, 초록색을 적절히 통합하면 우리가 아는 바와 같이 하얀빛이 나올 것이다. 즉 경제, 사회, 생태를 절묘하게 조화시키면 밝은 빛을 내는 미래를 만들 수 있다. 그러나 만일 우리가 각기 자신만의 색깔을 갖고 자기만의 입장에서 주도권을 가지려 하거나 독선적으로 나가려 한다면, 그 결과는 세 가지 물감의 혼합처럼 어두운 미래를 만들 것이다. 각자의 입장만 고집하다 보니 사회적 삶을 보다 큰 총체적 통일성 속에서 보면서 그 안에서 일정한 기여를 하려는 마음을 먹지 못하기 때문이다. 우리가 경제, 사회, 생태의 문제를 세 가지 빛의 혼융으로 보기 시작하면, 다시 말해 새로운 차원으로 뭔가 더 큰 것을 지향할수록 더 많은 빛과 전망, 그리고 더 밝은 미래가 탄생할 것이다. 그렇게 되면 검은색은 단순히 배경 색으로만 머물면서 빛이 적을수록 더 많이 나타나고 빛이 많이 비칠수록 그만큼 더 사라질 것이다. 그리고 흰색의 밝은 빛은 아마 푸른색, 붉은색, 초록색의 빛이 서로 지혜롭게, 즉 조화와 균형을 잘 이룰수록 더 많이 생길 것이다.

여기서 한번 가까운 역사를 되짚어 보자. 약 200년 전에는 푸른빛이 활기차게 부상하기 시작했다. 당시에 여러 과학도 한창 번성하기 시작했고 그 결과 전례 없는 기술 혁신이 쏟아져 나왔다. 당연히 경제도 새로운 힘을 받아 부상하기 시작하여 전례 없는 속도와 규모로 확대되었다. 그러나 얼마 지나지 않아 어두운 부분이 드러나기 시작했다.

과학과 기술, 그리고 경제가 일방적으로 우위를 누림에 따라 여러 가지 사회 문제가 부각되기 시작한 것이다. 과학과 기술의 새로운 가능성을 활용하는 데 있어 누구보다 앞선 이들은 일종의 권력을 더 많이 누리게 되었다. 그리고 그 힘으로 세계의 여러 후진 지역으로 뻗어 나가자기들의 방식으로 개발을 한답시고 설치는 바람에 세계 곳곳에서 현지 사람들이 스스로 발전의 길을 모색할 수 있는 기회를 오히려 방해하거나 파괴하는 결과를 낳았다. 그러다 보니 사람들의 가슴속에는 서서히 다른 마음이 들기 시작했다. 사람들 사이의 차별이나 억압을 없애고 더불어 살려는 요구가 여기저기서 터져 나온 것이다. 그리하여 러시아나 중국 등에서는 주목할 만한 색다른 사회 질서가 수립되었다. 색깔로 보면 이는 붉은색이다. 그러나 아직도 세계의 3분의 2는 여태껏 제대로 된 사회 질서를 수립하지 못한 곳에서 살고 있으며 많은 사람이 인간적 궁핍화를 경험하고 있다. 나아가 빈익빈 부익부와 같은 사회경제적 격차만 벌어지고 있다. 아직도 가난한 제3세계 사람들 대부분은 과학기술이나 경제가 약속하는 복된 삶을 누리기는커녕 오히려 삶이 더욱 처절하게 변하고 있음을 온몸으로 겪고 있다.

반면 이 세계의 극히 일부분, 사회적 시장경제나 복지 체제가 정착된 곳에서는 일정한 삶의 수준이 구축되었다. 실제로 지구촌 전체에서 약 5억 명에 이르는 잘사는 사람들은 여태껏 경험해 보지 못한 수준의 삶을 살고 있다.

그러나 바로 이 소수가 누리는 푸른색-붉은색의 복지 체제는 은연중에 유례없이 더 많은 파괴를 낳고 있다. 즉, 지구 전체의 생태계가 견딜 수 있는 한계를 넘어섰고, 어쩌면 지구 전체는 총체적 붕괴를 향해 치닫고 있는지도 모른다. 생태의 관점에서 보면 지구촌 전체에서 해마다 지구 자원의 1.5배를 소모하고 있는데, 이것은 범지구적인 파괴 물결을 상징적으로 고발한다. 이것은 일차적으로 이윤 추구에 혈안이 된 기업들의 문제지만, 사실은 기업만의 문제가 아니라 우리 자신의 삶의 방식과도 직결된다. 즉, 여태껏 우리가 하나씩 구축해 온 삶의 기본 방식들이 결국은 생태적 파괴 기계의 역할을 해 온 셈이다. 이제는 우리 스스로도 삶의 방식을 제대로 조절할 수 없는 지경이다. 솔직히 말하면, 과연 우리에게 아직도 지속적으로 생존할 수 있는 가능성이 남아 있는지 모르겠다. 그래서 지난 30년 동안 대단히 강력한 생태적 운동, 즉 녹색운동이 적극 부상했다. 당연히 그 목적은 장기적으로도 지속 가능한 생산 방식 및 생활 방식을 찾고자 하는 것이었다. 그사이에 운동의 성과도 일정하게 나타나, 수천 가지의 환경 관련 법률이 생겨나고 국제적인 환경 조약까지 생겨났다. 그러나 불행히도 사람들이 만들어 내는 생태 발자국은 갈수록 더 커지고 있다.

우리는 여태껏 잘만 했다면 과학기술적이고 경제적인(푸른색) 수단만이 아니라 사회적이고(붉은색) 생태적인(초록색) 수단을 선조들에 비해 몇 단계나 개선할 수도 있었다. 그럼에도 범지구적으로 본다면 사회적인 문제나 생태적인 문제가 갈수록 우리 자신의 통제 범위로부터 벗어나 확대되고 있다. 심지어 잘사는 선진 복지국가에서도 약 40년 전부터 사람들의 행복도가 별로 증가하지 않았다는 징후가 많다. 이런 이야기는 이미 여러 연구에서 확인된 바 있다. 사실, 경제적 진보와 행복 사이에 별 연관성이 없다는 점은 이미 오래전부터 확인되고 있다. 물론 온갖 상업적 기업들은 우리에게 물질적 소유와 행복 사이에 마치 비례 관계가 있는 것처럼 속이면서 수많은 상품을 팔려고 노력하지만 말이다.

뭔가 근본적인 것이 잘못된 것 같은데, 아마도 우리가 경제적, 사회적, 생태적 문제 해결의 수단들을 어떤 식으로 개발해 왔는가 하는 부분일 것이다. 따라서 이 부분에서 근본적인 변화가 나와야 한다. 푸른색, 붉은색, 초록색의 빛이 서로 균형 잡히고 상호 지지하는 방식으로 잘 결합되기를 바라는 것은, 결국 이런 복합적 문제들을 건강한 방식으로 해결했어야 옳았다는 점을 상징적으로 말한 것이다. 이런 것을 더욱 깊이 생각해 나가고 또 대중적으로 더욱 가시적으로, 더욱 설득력 있게 공론화하며, 마침내 수많은 프로젝트나 실험적 사례 속에서 스스로 모범을 보이는 것, 바로 이것이 '마라케시 클럽'이라는 싱크탱크가 설립된 근본 취지이다. 스스로도 밝히고 있듯이, 마라케시 클럽은 싱크 및 인큐베이팅 탱크(Think and Incubating Tank) 역할을 하고자 한다. 즉, 좋은 해결책에 대한 제안을 말로만 하는 것이 아니라 먼저 선구적으로 실천

해 보이겠다는 것이다. 그런 실천을 구체적으로 시도하려는 형태가 바로 사회 혁신이나 사회 혁신적 사업으로 나타난다. 따지고 보면 여태껏 사람들은 처음에는 푸른색에 희망을 걸다가 나중에는 붉은색에, 그리고 마지막에는 초록색에 희망을 걸었다. 그러면서 각 단계마다 제각기 뭔가 결함이 있음을 발견하게 되었다. 그래서 마라케시 클럽은 이런 구호를 내세운다. "흰색이야말로 새로운 초록색이다."

아까 말한 색깔 게임에 대한 이야기를 조금만 더 해야겠다. 앞으로 여러 가지 이야기를 하는 데 있어 근본적인 지점 몇 가지를 알기 쉽게 제시하기 위해서이다.

우선 붉은색이나 초록색의 입장에서, 푸른색은 흰색이 되는 데 무엇이 부족했을까? 대체로 경제 영역 종사자들은 우리가 직면한 생태적이거나 사회적인 문제들을 자신의 과업으로 삼지 않는 경향이 있다. 그러다 보니 사회적, 생태적 문제들을 중심에 놓고 혁신 모델이나 제품 개발 모델에서부터 자금 조달 모델 및 시장 전략에 이르기까지 경제성 있게 풀어내려고 하지 않았다. 반면, '데저텍(Desertec)' 프로그램의 창시자인 게르하르트 크니즈는 "세상을 구하는 일이 미래의 경제나 경제의 미래를 위해서도 관건이 될 것"이라는 인식을 하고 있었다. 그리고 C. K. 프라할라드는 "앞으로 기업들이 생존하기 위해서라도 전 세계적 차원에서 사회적이거나 생태적인 과업을 혁신적으로 훌륭하게 수행해야만 할 것"이라는 선구적인 생각을 했다. 그런데 이제 이런 인식은 막연히 좋은 것으로 받아들여지지는 않는다. 무함마드 유누스 총재의 말만 보아도 알 수 있다. "오늘날 우리는 소셜 비즈니스가 전 세계에서 사회적인 경제 기적을 만들어 내고 있음을 목격하고 있다. 이미 기차는 출발했다. 이제 누구도 이 전진을 멈출 수 없다." 아니나 다를까, 절박한 과업이라 인식되는 온갖 사회적, 생태적 문제를 제대로 해결하려면 많은 자원을 공격적으로 가동해야 한다. 그러려면 적절한 여건을 조성해야 한다. 그래서 정치가들의 힘도 필요하다. 그런데 경제계조차 예전처럼 정치가들을 찾아가 적극적으로 로비 활동을 벌이는 것을 핵심 과업으로 삼고 있지는 않다.

그렇다면 푸른색이나 붉은색의 입장에서, 초록색은 흰색이 되는 데 무엇이 부족할까? 원래 생태 운동은 서양의 산업국가 즉 선진국에서 탄생했다. 오랜 역사를 지닌 산업화 과정에서 온갖 생태적 문제가 발생하자 그에 대한 대응으로 나온 것이기 때문이다. 그러나 많은 경우 생태 운동은 여태껏 삶의 실상이 직면한 사회적 측면을 간과한 면이 있다. 특히 범지구적 차원에서 보면 그러하다. 가난한 제3세계 나라에서는 후발 산업화 과정에서 말할 것도 없이 생태적 문제가 극적으로 드러나는데, 이와 관련해 선진국의 생태 운동은 가난한 나라 사람들에 대해 일방적으로 생태 경찰의 역할을 해 온 면이 없지 않다. 범지구적으로 기후변화에 대처하는 문제의 경우, 생태 운동 조직들은 중국, 인도, 브라질 같은 나라 또는 개발도상국 전체와 지혜롭게 협력할 수 있는 기회가 있었음에도 이를 잘 활용하지 못했다. 왜냐하면 이런 나라들은 아직도 경제적으로나 사회적으로 선진국을 따라 발전하려는 욕구가 강하기 때문이다. 그러나 선진국의 생태적 요구들이 일방적으로 제시되다 보니 그들 자신이 존중받지 못한다고 느끼게 되었다. 이런 식으로 선진국의 생태 운동 진영은 가난한 나라 사람들과 함께 불평등 문제나 사회 발전의 격차를 적극적이고 건설적인 자세로 해결해 나가지 못했다.

물론 경제 문제를 생태적으로 해결하려는 노력이 전혀 없었던 것은 아니다. 일부 생태 운동 진영에서는 지난 15년 사이에 몇몇 의미 있는 진척이 있었다. 그러나 생태적 또는 사회적으로 지속 가능할 만큼 경제 발전을 이루는 데 있어 경제계를 적절하면서도 올바르게 유도하는 데는 대체로 실패했다. 일을 원만히 진행하는 데 필수적으로 요구되는 일관된 야심이나 유연성이 부족했기 때문이다. 일례로 '그라민 샥티'를 보면 기존의 생태 운동 진영이 이중적인 결핍을 안고 있음을 알 수 있다. 즉, 생태 운동 진영은 그라민 샥티가 개발도상국에서 '솔라(태양광) 홈 시스템'의 형태로 경제적이면서도 생태적으로 지속 가능한 구상을 널리 구현하는 모범적 사례라는 점을 아직 제대로 인식하지 못한다. 게다가 생태 운동 진영은 사회적 과업들을 근본적으로 해결하는 데 있어서도 '솔라 홈 시스템'이 전 세계의 생태적 전환에 가장 좋은 에너지원이 되고 있다는 사실을 아직도 이해하지 못한다. 사실 역사적으로도 19세기 중반 이래 가격도 적절하면서 생활에 편리한 에너지가 나오면서 당시 산업국가들이 직면했던 사회 문제가 성공적으로 해결되었음을 알 수 있다. 이러한 사실은 오늘날 세계의 가난한 나라들에도 역시 적용될 수 있다. 물론, 오늘날의 대안 에너지는 과거와는 달리 훨씬 더 깨끗한 원천에서 나온다는 차이점은 있다.

그러면 푸른색이나 초록색의 입장에서, 붉은색이 흰색이 되려면 무엇이 필요할까? 선진국이건 후진국이건, 정치 영역이건 경제 영역이건 관계없이, 사회 문제를 풀려는 모든 국가적, 종교적, 시민사회적 기구는 거의 예외 없이 사회 문제와 경제 문제를 분리해 보는 경향이 있다. 국가는 사회적 이슈들과 관련해 여전히 질서 유지 권력만 행사하고 있다. 일례로 국가는 사회 문제 해결을 위해 세금을 거두어 필요한 곳에 지출하는 식으로, 가능한 한 복지국가 시스템을 많이 확충하면 된다는 식이었다. 나아가 국가는 국가적인 법률을 만들어 국가 기구들이 일정한 권력을 행사하게 한다. 그래야만 자국의 경제계가 자기 배만 불리는 것이 아니라 사회적 수준을 높이는 데 기여하도록 만들 수 있기 때문이다. 특히 가난한 개발도상국들과의 관계에서도 국가는 적어도 국제 협정 같은 것을 통해 반드시 지켜야 할 기준들을 확실히 해 두기도 한다. 그런데 만일 국가가 마땅히 해야 할 일을 제대로 하지 못한다면, 시민 사회단체들이 그런 문제를 해결하고자 적극 나서기도 한다. 한편 경제계는 여전히 사회적 요구들과 관련해 뒷짐을 지는 편인데, 대중과 직접 충돌하기도 하고 국가를 매개로 간접 충돌을 일으키기도 한다. 물론, 사회적 프로젝트 차원에서 사람들은 대단히 조심스럽게 여러 가지 실험을 해 보기도 한다. 그렇게 해서 서로 학습도 하고 격려도 한다. 그러나 아직도 적극적인 협력 관계는 형성되지 못한 편이다. 즉, 경제계를 잘 설득해서 사회 혁신적 사업의 공동 파트너로 참여하게 한다든지 아니면 시민사회단체 등 비정부기구들도 사회 혁신적 사업의 적극적 주체로 나서게 한다든지 하는 일이 그렇게 활발하지는 않은 편이다.

생태 문제와 관련해 사회운동 진영은, 생태운동 진영이 사회 문제에 임할 때보다 훨씬 더 관심이 적은 편이다. 사회운동 진영은 경제적 측면까지 통합적으로 사고하는 데 익숙하지 못하다 보니 경제, 사회, 생태 문제를 총체적으로 보는 것을 더욱 낯설어한다. 그러다 보니 그라민 샥티가 '솔라 홈 시스템'을 설치하여 모범을 보인 것과 같은, 좋은 변화의 기회를 놓치기 일쑤다.

요컨대 경제, 사회, 생태 영역이 역사적으로 상호 적대적인 관계, 즉 적개심 속에 인식되어 왔다는 점이야말로 우리가 직면한 문제의 핵심을 이룬다. 바로 이것을 시급히 극복해야 한다. 그래야만 비로소 사회적, 생태적, 그리고 당연히 경제적인 과제들이 올바로 해결될 수 있다. 그래서 우리는 성경의 십계명처럼 종종 이렇게 말한다. "너희의 적개심을 사랑하라!" 물론 십계명에는 "너희의 원수를 사랑하라!"로 되어 있다. 바로 여기서도 알 수 있듯이 사랑이야말로 삶의 모든 문제를 해결하는 열쇠이다. 사랑은 근본적 진리를 알려 주는데, 우리 몸의 여러 기관과 기능이 서로 돕고 헌신해야만 삶이 제대로 돌아간다는 것이다. 즉, 사랑의 계율은 우리 모두가 이러한 사실을 충분히 알고 행하도록 근본적인 요청을 하고 있다.

그렇다면 오늘날 이런 의미에서 넉넉하게 존재하는 것은 무엇일까? 오늘날 사람들은 아주 긴밀히 연결되어 있고 갈수록 상호 의존성도 매우 강해지고 있다. 상호 연결성 내지 상호 의존성, 이것이 매우 중요한 지점이다. 인간관계에 있어 한편에서는 친구, 다른 편에서는 원수로 갈라지는 것 자체가 종국에는 일종의 집단 자살이나 마찬가지가 된다. 일례로, 오늘날은 어느 나라도 자국의 이익을 위해 타국을 함부로 희생시킬 수 없다. 세계화 시대에 한 나라의 비인간적 행동은 반드시 부메랑 효과를 부르는데 이는 갈수록 더 빠른 속도로 그리고 더 강력하게 진행된다. 같은 논리가 반환경적인 행동에도 적용된다. 마찬가지의 논리가 경제 성장에만 일방적으로 초점을 맞춘 경영 혁신이나 경영 합리화에도 적용된다.

결국 총체적, 유기적으로 통합된 사고와 행위를 지향하는 새 패러다임으로의 전환, 다시 말해 푸른색(경제), 붉은색(사회), 초록색(생태) 사이의 균형과 조화를 지향하는 일은 이제 이국적인 고상함도, 현실을 모르는 순진무구함도, 경건한 기도의 내용도 아니다. 그것은 이제 필수불가결의 요건, 즉 우리의 생활 또는 생존을 위한 근본적 전제 조건이 되었다. 바로 이런 패러다임 전환을 위해 절실한 동력이 곧 사회 혁신 마인드라 할 수 있다. 사회 혁신 마인드와 더불어 푸른색, 붉은색, 초록색의 여러 측면을 하나의 전체로 통합하는 유기체적 개념이 발달한다. 이 새로운 아이디어는 '(3색이 조화와 균형을 이룬다는 뜻에서) 흰색은 새로운 초록색'이라는 의미에서 완전히 새로운 차원을 연다. 아니, 좀 더 정확히 말하면 '흰색은 새로운 푸른색, 새로운 붉은색, 그리고 새로운 초록색'이다.

'사회 혁신'은 인간 사회에
혁명적 도약을 가져온다

　마침내 혁명의 시간이 왔다. 더 정확히 말하면, 보다 심층적이고 보다 지속 가능한 혁명을 이뤄야 하는 시간이 왔다. 진화에 있어 도약이 필요한 시점, 그리하여 마침내 패러다임의 전환을 이뤄야 하는 시점이기도 하다. 물리학자 에리히 얀치에 따르면 진화적 도약이란 "진화가 유별나게 급속히 전개되는 것"을 뜻한다. 자연은 이미 그런 진화적 도약을 잘 알고 있다. 황무지에서 생명의 세계로 옮겨 간다든지 동물의 뇌 구조가 생성되는 과정이 바로 진화적 도약의 산물이다. 물론 문명의 발달사 역시 그렇다. 일례로 기술적 도구의 활용을 통한 진화적 도약이라든지 아니면 인쇄술의 발달이나 산업화 시대로의 진입을 통한 진화적 도약을 들 수 있다. 가장 최근의 진화적 도약은 두말할 것도 없이 디지털 시대의 등장으로 가속화되었다. 그런데 이제 또다시 새로운 진화적 도약이 기다리고 있다. 바로 인간 자체의 도약이다. 그것은 지금까지 알려진 모든 것을 새롭게, 근본적으로 혁명하는 것이며 완전히 새로운 세상을 여는 것이기도 하다. 그리하여 세계를 완전히 새로운 차원에서 재구성하게 될 것이다.

사실, 사회 혁신적 시대로의 도약이 이미 이루어지고 있다는 징후는 갈수록 늘고 있다. 이제 더는 기술 혁신이 근본적 추동력이 아니다. 기술 혁신은 이미 낡은 시대의 진화적 도약에 있어 결정적 역할을 했다. 이제 중요한 것은 사회 혁신이요, 총체적 사회 변화이다.

여기서 개념 하나를 명확히 해 두자. 오늘날에는 범지구적 교류에 있어 영어가 가장 기본적인 공통어로 통하기 때문에 범지구적 의미를 갖는 모든 현상에 대해 영어식 표현을 할 수밖에 없다. 물론 동일한 사물이나 현상에 대해 세계 각국에서는 나름의 언어로 표현하는 것이 필요하다. 그렇지 않으면 오랜 세월이 지나 언젠가 각 나라의 고유 언어가 사라지고 영어만 남게 될지도 모른다. 그럼에도 여기서 사회 혁신(Social Innovation)을 영어로 표현한 까닭은 이렇다.

우선, '사회 혁신'이라는 개념은 우리가 여기서 표현하려는 내용을 비교적 정확히 전달한다. 사회 혁신은 결국 창의적이고 체계적인 인간 능력의 급격한 상승, 인간의 삶을 부단히 개선하기 위한 다양한 아이디어나 실행 방법을 개발하고자 모든 역량을 총동원하는 것을 뜻하기 때문이다. 그런데 여기까지는 '혁신' 또는 혁신의 힘에 관한 내용이다. 우리가 말하려는 것은 단순한 기술 혁신 같은 것이 아니라, 영어의 '소셜(social)'이 뜻하는 '전 사회적' 혁신이다. 이런 식의 사회 혁신, 즉 새로운 사회 혁신의 패러다임은 이미 싹이 튼 지 오래되었고 전 세계에서 활발히 번져 나가고 있다. 이 책에서 자세히 소개하는 여러 사례가 바로 그

사회적 혁신의 구체적 증거이다. 물론 이것이 금세 잊히고 말 창의적 시도에 그칠지 아니면 참된 세계 혁명의 전조가 될지는 아직 확신하기 어렵다. 현재의 디지털 시대가 막 시작되던 한 세대 이전에 그랬던 것처럼 모든 것이 불확실하기 때문이다.

성급하게 결론을 내릴 필요는 없다. 다만, 열린 자세로 임하면서도 진지하게 깊이 생각해 볼 필요가 있다. 문명 진화에 있어서의 혁명적 도약이라는 점이 중요하다. 진화상의 도약에 결정적인 역할을 할 이들은, 무엇보다도 향후 몇 달 또는 수년 동안 변화의 기본 철학, 가치나 원리, 구체적인 실천 방안, 그리고 사회 혁신적 변화 시기에 어떤 역할을 하면서 동참할 것인지 등의 문제에 대해 세심한 주의를 기울이는 사람들이다.

사회 혁신적 패러다임의 이해 및 적용은 어떤 기술 혁신보다도 더 많이 인간 사회의 발달에 긍정적인 영향을 줄 것이다. 그리고 이는 인간 사회가 보다 총체적인 시스템인 생태 시스템이나 사회 시스템과 조화롭게 발전할 수 있는, 역사상 유례없는 기회를 제공할 것이다.

다양한 문제는
'사회 혁신을 위한 원재료'이다

대개 우리는 혁신을 기술이나 경제 분야와 연결해서 좁게 생각한다. 혁신을 사회적 측면이나 전체 사회와 연관 지어 생각하는 일은 드물다. 만약 누군가 굉장히 모험적인 것처럼 보이는 기술 혁신을 해냈다고 말한다면 우리는 대개 도요타 자동차 회사의 환상적인 광고 문구처럼 "불가능은 없다."고 반응한다. 그런데 이는 500년 전만 해도 전혀 달랐다. 당시에는 누군가 기술 혁신이나 새로운 개발을 해냈다고 하면 오늘날처럼 특허권을 내거나 노벨상 후보가 되기는커녕 자칫 화형장으로 끌려갈 위험이 컸기 때문이다. 그럼에도 18세기 이후로는 수많은 진화적 도약과 함께 기술 혁명이 전개되었다. 그로 인해 사상 초유의 경제 혁명도 일어나게 되었다. 마이크로소프트, 구글, 페이스북 등과 함께 일어난 디지털 혁명 이후 우리는 기술 분야에서는 어떤 기적도 일어날 수 있다고 믿게 되었다.

그러나 사회 정치적인 분야나 자연 생태계 분야와 관련해서는 사태가 전혀 다르다. 사회적 측면과 관련해 우리는 너무도 쉽게 낡은 사고의 틀에 빠져 버린다. 사회 문제라 하면 보호, 보살핌, 자선 따위를 떠올린다. 그러나 가난한 사람들을 자선에 의존하는 사람들이 아니라 잠재적으로 기업가가 될 수 있는 사람들로 생각한다면, 또 지금까지는 교육을 별로 받지 못했더라도 잠재적으로는 대단히 의욕적으로 교육을 받고 싶은 사람들로 본다면, 그리고 지금은 사회적 어려움을 겪고 있지만 잠재적으로는 얼마든지 성공적인 사회사업가가 될 수 있다고 믿는다면, 또한 질병조차 삶을 변화시킬 수도 있는 '학습'의 기회로 볼 수 있다면, 신체적 장애가 오히려 다른 면에서 특수한 능력이 발달할 수 있는 기회라는 것을 알아차린다면, 미개발 지역이 잠재적으로 가장 큰 시장이 될 수 있다고 본다면, 인간 사회가 직면한 다양한 문제를 오히려 "새로운 혁신을 위한 가장 좋은 원재료"(무함마드 유누스)라고 본다면, 세상은 굉장히 빠른 속도로 근본적 변화, 진화적 도약을 하게 될 것이다.

한편 사회 분야라고 해서 무조건 혁신이 잘되지 않는 분야라 보아서는 안 된다. 특히 사회라는 개념을 보다 넓게 해석한다면 더욱 그렇다. 오히려 혁신이 가장 많이 이루어질 수 있는 분야라 볼 수 있다. 사회 분야야말로 각 개인이 어떤 종류의 혁신력을, 그리고 그 능력을 얼마나 많이 발전시킬 수 있는지를 결정해 주기 때문이다. 여기서 말하는 사회 분야에는 무엇보다 교육 부문이 포함된다. 각 개인이 자신의 핵심 역량을 개발하느냐 못 하느냐, 아니면 아주 조금만 개발하느냐 최대한 많이 하느냐 하는 문제는 여러 사회적 활동 분야에서 대단히 중요하다. 결국 인간 역량의 발전이라는 면에서 교육이 정말 중요하다. 그래서 이러한 분야에서 각기 전 사회적 지식 교육 및 역량 교육을 혁신적으로 잘 이루어 낼수록 더 많은 사람이 세상을 더욱 적극적이고 선도적이며 책임감 있게 바꾸어 나가는 데 동참해야 한다. 사회 분야, 더 구체적으로 말하면 교육 분야에서 혁신적인 도약이 잘 이루어지면 자연스럽게 다른 영역에서의 혁신 역량 또한 급성장할 것이다. 분야를 가리지 않고 모든 영역에서 중요한 것은 결국 사람이기 때문이다. 사실, 더 많은 사람이 지식을 습득하고 더 많은 역량을 개발할수록 더 많은 혁신력 및 창조력이 모든 분야에서 발전해 나온다. 당연히 사람들은 자신의 지식을 창의적이고 혁신적으로 계속 발달시킬 것이고 혼자서나 팀워크 속에서 실행할 것이기 때문이다. 게다가 사람들은 이러한 역량을 인간 사회의 행복을 위해, 그리고 지구 전체의 관점에서 책임감 있게 쓰는 것이 바람직하다는 사실을 배울수록, 자기 내면의 성장 면에서도 보람을 느끼며 만족하게 될 것이다. 이런 뜻에서 '사회 혁신'의 전개란 결국 더 많은 기술 혁신을 이룰 수 있도록 인간 능력을 심화하고 확대할 뿐 아니라 그 혁신을 더욱 지혜롭게, 즉 생태적이고 사회적인 측면에서 더욱 책임감 있게 만드는 일이다.

오랫동안 우리는 사회의 핵심 분야인 교육 분야를 역량 교육 또는 잠재력 교육의 분야로 보기보다는 지식 전달의 분야로 간주해 왔다. 일종의 사치스러운 시각이었던 셈이다. 다른 사회 분야도 마찬가지이다. 우리는 아직도 사회 분야를 보호나 보살핌, 사회부조 따위가 필요한 분야 정도로만 생각한다. 그러나 그동안 사회경제적 여건이나 인구 변동으로 '돈을 내는 사람들'은 갈수록 적어지는 데 반해 '돈을 받는 사람들'은 갈수록 많아져, 이런 식의 사회복지는 지속이 불가능하게 되었다. 적자 사태, 즉 지불 불능의 위기가 눈에 빤히 보이기 때문이다. (사실, 그사이에 복지 분야야말로 독일에서 가장 큰 비중을 가진 '경제 요인'이 되어 버려, 실제로 큰 부담이 되고 있다.) 따라서 사회 분야를 좀 더 새롭게 볼 필요성이 크게 대두했다. 이에 대한 토론이 방어적이고 우울한 방식으로 축소되지 않게 하려면, 사회 혁신에 관한 토론과 지원을 보다 적극적으로, 보다 광범위하게 추진해야 한다. 이게 바람직한 길이다. 그래야만 말 그대로 체계적인 변화가 잘 이루질 것이며, 역설적이게도 궁핍의 경지로부터 근본적으로 새로운 삶의 질이 생성될 것이기 때문이다.

이제 진정한 사회 혁신이
시작되었다

사실 사회 혁신이라는 현상은 그렇게 새로운 것이 아니다. 빈프리드 크레치머는 '사회 혁신'이라는 용어 설명에서 무려 50가지 이상의 사례를 인용하고 있다. 물론 그가 사회 혁신에 대해 완벽하게 설명하고 있는 것은 아니다. 사회 혁신은 가장 최근의 혁신만을 의미하지 않는다. 나아가 따지고 보면, 지금까지의 사회 혁신들은 인간 사회에 기여한 만큼 충분히 평가되지 못했다. 그러나 참된 사회 혁신적 패러다임, 즉 인간의 총체적 발전을 위한 사회 혁신이 중심이 되는 시대는 바야흐로 막 시작되었다고 할 수 있다. 기술 혁신의 시대도 이집트나 중국, 로마, 아랍의 문명이 고도로 발달했을 때부터 시작된 것은 아니다. 물론 당시에도 이미 꽤 중요한 기술 혁신들이 나오기는 했지만 말이다. 그러나 제대로 된 기술 혁신의 시대란, 화약 무기가 끊임없이 새롭게 개발되던 때에 와서 비로소 자리를 잡았다. 그런 뜻에서 본격적인 사회 혁신의 시대는 이제 막 시작된다고 할 수 있다.

사회 혁신의 역사적 사례들

다음 사례들을 살펴보고 나면 코앞에 닥친 사회 혁신들이 얼마나 큰 영향력을 행사하는지 가늠할 수 있을 것이다. 지금까지 사회 혁신은 우리의 생활만이 아니라 과학, 기술, 경제, 교육 등을 온통 변화시켜 왔다.

- 기원전 1500년 무렵에 나온 알파벳
- 12세기에 처음 시작된 여성 해방의 몸부림(20세기 초에 최초의 여성 운동이 시작되어 1940년 이래 일반적 사회운동으로 정립됨)
- 1215년 마그나 카르타에 처음으로 명시된 인권(시민권)
- 14세기에 나온 주식회사, 14~15세기 무렵에 나온 주식거래소
- 15세기에 나온 복식부기 시스템
- 18세기에 시작된 협동조합이나 킨더가르텐(유치원) 제도
- 19세기에 나온 상품의 배송 판매
- 19세기에 등장한 백화점
- 19세기 중반 무렵 협동조합 운동에서 시작된 마이크로 크레디트(소액 대출 제도. 1983년 방글라데시에서 그라민 은행 출범과 더불어 빈곤 타파에 새 돌파구를 열게 됨)
- 1851년에 최초로 열린 만국박람회
- 1863년에 시작된 프랜차이즈 시스템
- 1883년에 나온 사회보장 제도
- 19세기 말에 처음 등장한 환경운동
- 20세기 초에 처음으로 권리로 보장된 휴가 제도

- 1918년 이후 도입된 보통선거 제도
- 제1차 세계 대전 뒤 등장한 국제연맹(국제연합인 유엔은 제2차 세계 대전 뒤 설립)
- 제2차 세계 대전 이후 도입된 개인 신분증 제도
- 1947년에 처음 나온 시민 주도 위원회(비정부기구)
- 1970년대 중반에 나온 지속 가능성 개념
- 1980년대 초반에 나온 환경세 제도
- 처음에는 기술 혁신으로 출발했으나 갈수록 사회 혁신적인 의미를 더 많이 띠고 있는 인터넷 시스템
- 2001년에 나온 위키피디아
- 2002년에 설립된 국제형사재판소
- 2004년에 나온 소셜 미디어
- 2007년에 나온 소셜 비즈니스(사회사업)
- 최근 브라질 같은 나라에서 일부 시도된 후 곧이어 전 세계적으로 노동과 소득의 (비)관련성에 관한 토론을 촉발한 기본 소득 제도

최근에 나온 사회 혁신 사례들

아직 잘 알려지지 않았고 더구나 그 중대한 의미에 대해서는 미처 누구도 잘 모르는 사례들은 다음과 같다. 대부분 빈프리드 크레치머가 제시한 것이다.

- **코-크리에이션(Co-Creation, 공동 창조):** 가치 창조의 새로운 형태로, 가치가 한 기업 안에서 생성되는 것이 아니라 기업과 소비자의 협동으로 생산되는 것이다. 이 개념은 C. K. 프라할라드에 의해 2005년에 공식 등장했다.

- **협동 작업(Collaboration or Co-Laboration):** 자유로이 합의한 사람들의 팀으로, 이 세상 누구든지 일정 기간 동안 공동의 과제를 해결하거나 공동으로 사업을 운영하려는 목적으로 모인다. 물론 하나의 프로젝트가 끝나면 또 다른 일을 위해 새로운 팀을 꾸릴 수도 있다. 이 팀의 구성원들은 각자 독립적인 소기업가이면서도 서로 유기적으로 협동하는 경향이 있다.

- **크라우드 소싱(Crowdsourcing):** 원래 돈으로 구매한 상품(특히 소프트웨어)을 불특정 다수의 사람들을 위해 인터넷으로 제공하는 것을 가리키는 말이었다. 2006년에 제프 하우, 마크 로빈슨이 공식화한 용어이다.

- **엔터프라이즈 2.0:** 소셜 미디어를 커뮤니케이션, 프로젝트 운영, 그리고 기업의 지식 경영 따위에 활용하는 새로운 사업 방식. 앤드루 매커피가 2006년에 부각시켰다.

- **오픈 이노베이션:** 기업의 혁신 과정을 공개하는 것으로, 외부 세계를 적극적이고 전략적으로 활용함으로써 자체의 혁신 잠재력을 극대화하려는 것이다. 헨리 체스브로가 2003년에 만든 개념이다.

- **오픈 소스:** 지식이나 혁신의 내용을 아무나 사용할 수 있게 무료로, 즉 저작권 같은 것을 요구하지 않고 제공하는 것이다. 최초의 기원은 알멘데 운동(Almende-Bewegung)에 두고 있는데, 전통적인 경제학 분야의 공공재 개념을 더욱 폭넓게 확장하고 있다.

- **전략적 소비:** 특정한 가치관에 입각하여 어떤 제품이나 서비스를 의식적으로 소비하는 것이다. 일례로 생태적 또는 사회적 지속 가능성의 관점에서 생산 과정이나 원산지, 효력, 부작용 등에 관한 정보를 정확히 인지함으로써 어떤 상품의 사용 여부를 판단하여 행동하는 것이다. 1990년대 이후 사회운동으로 번졌다.

혁신 행동은
'사회를 바꾸는 지렛대'이다

사회 혁신의 구체적 사례들을 살펴보면 한 가지 사실이 눈에 띈다. 본 질적으로 모든 혁신의 행위 능력 또는 주도권이 힘센 자로부터 마침내 일반 시민에게 옮겨 간다는 점이다. 물론 시민사회의 행위자가 어떤 가치관을 갖고 있는지, 과연 자신의 행위 역량을 충분히 드러낼 수 있는지에 따라 상황은 얼마든지 달라진다. 특히 안 좋은 경우는, 극소수의 시민들만이 움직이고 나머지 대부분은 기존의 수동적인 삶의 방식을 여전히 고수하는 경우이다.

빈프리드 크레치머가 정의한 사회 혁신이란 "변화를 위한 의식적 행동이다. 나아가 그것은 개인을 추상적인 사회와 구체적으로 연결 짓는 지렛대이기도 하다." 아마도 사회 혁신이 갖는 사회 혁명적인 특성을 이보다 잘 설명하는 말은 없을 것이다.

개인이 아닌 '사회'와 그 사회를 구체적으로 만들어 가는 일이란, 각 개인에게는 사실상 너무 거창하고 멀리 떨어져 있으며 다소 추상적으로 보인다. 그러다 보니 대개 사람들은 한 사회 안에 살면서도 사회 자체를 진지하게 같이 만들어 나갈 가능성을 찾기 어렵다고 생각한다. 사실 우리가 국가나 정치가들을 보면서 느끼는 바도 바로 이런 거대함이다. 국가나 정치가들이 한 사회를 좌지우지한다고 느끼기 때문이다. 그런 정치가들을 보면서 기껏 우리가 할 수 있는 일이란 몇 년마다 한 번씩 돌아오는 선거에서 투표에 참여하는 정도라 생각한다.

그러나 이제 힘을 내자. 사회 혁신을 통해 우리는 이제부터라도 스스로 '변화를 만드는 의식적 행동'을 할 수 있다. 그리고 혁신 행동을 '사회를 바꾸는 지렛대'로 만들 수 있다. 이러한 변화는 두 차원에서 이루어질 것이다. 하나는 사회 혁신의 효용을 누리는 자로서, 다른 하나는 사회 혁신의 창안자 또는 공동 추진자로서이다.

트위터나 다른 소셜 미디어 등 사회 혁신의 이용자로서 우리는 아주 짧은 시간에 수백만의 흩어져 있는 사람들을 위력적인 사회운동에 동참하도록 이끌어 낼 수 있다. 그리하여 일례로 H. 무바라크 같은 장기 독재자에 대항해 공동 행동을 할 수 있다. 게다가 우리는 일관성 있게 비폭력적으로 살 것을 서로 맹세할 수 있으며, 만일 국가가 느닷없이 반민주적으로 행동할 경우 우리 스스로가 사회의 질서를 민주적으로 바로잡기 위해 직접적인 공동 행동을 조직할 수 있다. 최근에 일어난 이집트 혁명에서 사람들이 한 일도 바로 이런 것이다. 나아가 우리는 정보통신 기술의 이용자로서 일종의 '전략적 소비자'가 되어 행동한다면, 특정 제품이나 서비스가 시장에서 잘 팔리거나 죽을 쑤도록 커다란 영향력을 행사할 수 있다.

세계적인 기업들도 이제는 정보기술의 확산 및 사회 혁신으로 자사 제품에 대해 정직한 방식으로 자세히 알릴 수밖에 없게 되었다. 나아가 생산 제품이나 사업 방향도 생태적이고 사회적인 기준에 걸맞게 조정해야 한다. 그렇지 않으면 의식 있는 소비자나 시민사회단체들로부터 집중적인 공격을 받거나 외면당할 수 있기 때문이다.

코-크리에이션(공동 창조)이라는 사회 혁신이 만들어지면서 소비자, 고객, 이용자 등은 기존의 방식보다 한 걸음 더 나갈 수 있게 되었다. 즉, 이들이 기존 기업과 함께 새로운 제품을 개발할 수 있게 된 것이다. 이런 사회 혁신은 갈수록 많은 사람의 눈을 급속히 뜨게 만들어 점점 많은 기업과 함께 새로운 제품이나 서비스를 공동 개발할 수 있도록 고무한다.

위키피디아라는 사회 혁신 또한 매우 중요한 혁신으로 꼽히는데, 잠재적으로 모든 사람이 공동의 백과사전을 만드는 데 얼마든지 참여할 수 있다는 점에서 획기적이다. 사람들 사이의 적극적인 상호 작용을 통해 일종의 '일반 지성'을 갈고 닦는 공간이 된 셈이다. 지금까지 그 어떤 백과사전도 이렇게 민주적일 수는 없었다. 사실 사전이란 아직도 우리의 지식 세계 및 평생 교육 차원에서 근본적으로 중요한 도구가 아닌가. 위키피디아라는 혁신의 공간은 민주적이면서도 모든 토론에 대해 열린 공간이며 상호 작용이 이루어지는 만큼 역동적이고 포괄적이며 참여적이기도 하다.

이런 식으로 열거하기 시작하면 한도 끝도 없다. 이미 우리는 사회 혁신의 이용자로서 사회의 여러 분야에서 동시에 이루어지는 영원한 시민혁명에 가까이 다가서고 있다. 그런데 만일 우리가 이용자 차원을 넘어 사회 혁신의 주도자로서 적극 참여하는 것이 얼마나 쉬운지 알게 된다면 더욱 흥미진진해질 것이다. 과거의 기술 혁신 시대에는 대개 전문적 지식이 가장 중요한 밑바탕이었지만 오늘날 사회 혁신 시대에는 건강한 인간관이 가장 중요한 기초이다.

다음 장에서는 바로 이런 측면을 집중적으로 다룬다. 그 핵심 질문들은 다음과 같다. 과연 새로운 혁신의 시대에 누구나 혁신가 또는 공동 혁신가가 될 수 있을까? 그렇다면 그 방법은 무엇인가? 과연 사람들은 사회 혁신을 위해 필요한 아이디어나 실행 방법을 어디서 어떻게 구체적으로 배울 수 있을까? 또한 어떤 인프라(스스로 아이디어 개발을 하는 데 있어 코칭을 해 주는 제도 또는 자금을 지원해 주는 제도)가 이미 구축되어 있으며 어떤 것이 현재 구축되고 있을까? 이런 분야의 혁신적 기업에서 일하는 직원들이나 설립자들에게는 과연 어떤 전망이 있을까? 그리고 각 개인이 아주 작은 걸음이나마 그리고 아주 작은 범위에서나마 사회 혁신의 아이디어를 실험적으로 해 볼 방법(예컨대 명예직 또는 봉사직으로 참여)은 무엇일까?

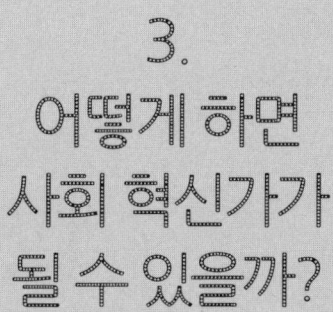

3.
어떻게 하면
사회 혁신가가
될 수 있을까?

발상의 전환이 만들어 낸
사회 혁신의 사례들

사회 혁신의 사례를 몇 가지 더 살펴보자. 이 사례들은 사회적으로 대단히 중요한 가치를 가지고 있지만, 의외로 그리 어려운 것도 아님을 잘 보여 줄 것이다. 사회 혁신의 창조자가 되려면 일단 머릿속에 있는 스위치를 '복잡한 해법' 대신 '놀라울 정도로 간단한 해법'으로 바꾸면 된다. 좀 더 정확히 말하면, 질문 자체를 좀 더 간단히 하면 된다. 아주 간단한 질문을 던질 수만 있다면 놀랍게도 우리 의식 속에서는 대단히 간단한 해답들이 자연스럽게 솟구쳐 오르기 때문이다.

부모 주식회사

오늘날 사회적으로 대단히 불안정한 관계 속에 살아야 하는 부모들에게 아이들을 잘 키우는 방법, 그리하여 학교생활도 잘할 수 있도록 이끌어 주는 방법을 알려 주려 한다면, 과연 어떤 집단이 가장 적합할까? 대답은 매우 간단하다. 부모와 동일한 계층에 속하는 '사회복지 일꾼들'이다.

독일 마그데부르크 대학교의 교육심리학 교수인 마인라트 아름브루스터는 연구팀과 함께 사회복지 일꾼을 양성하는 전통적 방식 외에 새로운 방식을 개발했다. 사회복지 종사자들은 중산층 출신이 많다. 결국 이들은 사회복지 수급자들이 처해 있는 사회적 상황, 즉 맨 밑바닥에 사는 사람들의 사정을 잘 알기 힘들다. 그래서 사회복지 수급자들은 종종 그들을 돌봐 주는 복지 분야 일꾼들 앞에서 열등감을 느끼는 등 주눅이 들기 쉽다. 이런 식의 모델이 갖는 단점이다. 어쩔 수 없이 서로 거리감도 생기고 관계의 진정성이 그리 진하게 느껴지지도 않는다. 결과적으로 사회복지 차원에서 이뤄지는 온갖 조치의 영향이나 결과도 제한적일 수밖에 없다. 이런 상황을 간파한 마인라트 아름브루스터는 '부모 주식회사'를 창립해 대안적인 해법을 제시하려 했다.

부모 주식회사는 교육을 제대로 못 받은 계층과 자녀 양육에 관련된 많은 문제를 안고 있는 계층들이 모여 사는 지역을 위해 일종의 멘토 교육법을 제공한다. 우선 이런 지역에 사는 부모들이 집중 교육을 위해 선발되어 체계적인 교육과 조언을 받는다. 이들은 교육을 제대로 받지 못해서 자녀들이 학교 교육을 무난히 받도록 이끌기 어려운 사람들이다. 부모 주식회사는 부모가 어릴 때 권위주의적인 부모 아래 자랐거나 관심을 제대로 못 받고 자랐더라도 자녀만큼은 완전히 새로운 사고방식이나 문제 해결 방식으로 교육할 수 있게 도와준다. 나아가 이들 부모는 자신들이 배운 내용을 이웃들에게 더 널리 전달하는 방법도 배운다. 이렇게 하면 먼저 교육을 받은 부모들의 말이 이웃의 다른 부모들 사이에 훨씬 쉽게, 그리고 더 효과적으로 수용된다는 장점이 있다. 그들은 모두 처지나 사정이 비슷하기 때문이다.

이들이 직접 경험한 새로운 지식이나 효과에 대해 자세히 이야기하면 그런 내용은 비슷한 환경에서 살아가는 이웃들에게 굉장히 진정성 있게 들린다. 당연히 효과도 오래간다. 그런데 한 가지 문제가 있다. 이렇게 하다 보면 기존의 사회복지사 같은 사람들이 본의 아니게 무더기로 일자리를 잃을 위험에 빠질 수 있는 것이다. 이를 방지하기 위해 부모 주식회사는 독일 내의 사회복지사 등 일꾼들에게 특별 교육을 시키기로 했다. 일종의 멘토 교육인데, 이들 스스로 '훈련가를 훈련한다는 원칙'에 따라 지역사회의 문제 영역에 필요한 멘토가 되도록 교육을 받는다. 물론 멘토들은 해당 지역에서 일정한 업무를 수행하고 그에 상응하는 보수를 받는다. 당연히 소득 증가에도 도움이 된다. 게다가 그들은 그 이전에는 그러지 못했을 수도 있지만, 이제는 자신의 일에 대해 강한 자부심을 갖는다. 당연히 이런 일을 하는 사회복지 일꾼들의 자아존중감도 높아진다. 나아가 그러한 교육을 받는 지역의 부모들 또한 자존감이 고양된다. 이들은 예전보다 훨씬 존중받고 이해받을 수 있다고 느끼는 것이다. 실제로도 예전보다 훨씬 더 많이 배울 뿐 아니라 배움의 내용이 훨씬 더 오래 지속된다. 지역사회도 여러 면에서 혜택을 누린다. 우선 기존의 방식으로 문제를 풀려 했다면 비용도 훨씬 많이 들었을 텐데, 새로운 방식 덕에 비용 요인을 대폭 줄일 수 있었다. 그 줄어든 비용만큼 부모 주식회사가 다양한 코스를 새로 열 수 있게 되었다. 그렇게 해서 부모 주식회사 또한 자립 가능한 사회적 기업(소셜 비즈니스)으로 설 수 있게 된다.

기회의 공부방

이주민 자녀의 공부는 누가 도와주면 좋을까? 이주민의 자녀가 학교 공부를 포기하거나 좌절하지 않도록 학습 도우미 역할을 하고, 나아가 아이들이 학교생활에서 직면하는 여러 문제에 슬기롭게 대처하는 방법을 알려 줄 수 있는 사람 말이다. 가장 적합한 사람은 이주민으로서 학교 다니던 시절에 비슷한 어려움을 경험하고 이를 슬기롭게 극복한 사람일 것이다.

터키 출신의 부모를 둔 무라트 부랄이라는 남자는 어린 시절을 대부분 독일에서 보냈다. 우여곡절이 많았지만 독일의 고등학교를 정식으로 마치고 마침내 대학에 입학했으며 석사 과정까지 잘 마무리했다. 그 뒤 그는 자신과 처지가 비슷한 아이들에게 무언가 구체적인 도움을 주고 싶다는 책임감을 느꼈다. 마침내 그는 비슷한 생각을 가진 동료들과 함께 일종의 협회를 설립했는데, 이것은 최근에 '기회의 공부방'이라는 이름으로 바뀌었다.

기본 아이디어는 이렇다. 이주민이라는 배경을 가진 남성과 여성, 특히 대학 공부까지 성공적으로 마치고 직업 세계에도 성공적으로 진출한 사람들이 자유 시간의 일부를 투자해 비슷한 조건에 처한 후배 학생들에게 뒤떨어진 공부는 물론 학교에서 겪는 여러 어려움을 잘 해결하도록 실질적 도움을 주는 것이다. 이 방식은 순식간에 성공적인 결과를 낳았다. 이들 멘토는 열악한 조건에서 성장한 경험이 있기 때문에 후배들이 처한 사정을 누구보다도 잘 알았던 것이다.

바로 그 순간 미셸 알루이가 나타났다. 그는 무라트 부랄이 사회 혁신을 계속하는 것을 적극 돕겠다고 나섰다. 그 자신도 성공적인 기업가이자 투자자였지만 기존의 기업 방식에 회의를 느끼던 차에 사회적 기업가로 열정적인 변신을 하고 싶었기 때문이다. 그리하여 알루이와 부랄은 공동으로 '기회의 공부방'을 계속 이끌어 나갔다.

그들의 아이디어는 이미 만들어진 '기회의 공부방'이라는 사회적 가치를 '사회적 가치 창조 사슬'을 통해 더 널리, 더 많이 만들어 가자는 것이었다. 구체적으로는 이민자 배경을 가진 성공적 대학 졸업생들이 후배 학생들에게 학습 도우미 역할을 하되, 주로 아비투어(독일의 대입 자격시험)를 준비 중인 학생들을 집중적으로 돕는다는 사명을 갖게 했다. 이 도움을 받는 학생들도 일종의 의무를 부여받았다. 이들도 자기보다 더 열악한 실업학교나 기본학교에 다니는 아이들에게 학습 도우미 역할을 해 주는 것이다. 이런 의무 제도는 서로의 연결 고리 속에서 자신이 도움을 주는 대신 필요한 도움을 받기 때문에 일종의 대안 화폐 기능을 한다. 이런 상호 학습 도우미 시스템은 대단히 효과적임이 증명되었다. 특히 이민자 가정의 자녀들을 위한 기존의 학습 도우미 제도보다 훨씬 결과도 좋았고 비용도 절감되었다.

나아가 미셸 알루이는 사회적 기업가 프로젝트를 개발함으로써 기회의 공부방 개념을 더욱 발전시켰다. 그 프로젝트는 2010년에 독일 쾰른에서 '소셜 랩(사회적 실험실)'이라는 이름을 달고 출발했다. 핵심 내용은 다양한 교육 혁신가들을 초청하여 혁신의 질을 고양하는 것이다. 이 혁신가들은 지역사회나 지역 기업을 위해 다양한 일을 공동으로 추진하는데, 특히 여러 가지 상호 보완적인 교육 혁신들을 서로 긴밀히 엮어 낸다. 그 목적은 교육 혁신 사업들이 중장기적으로 경제적 측면에서도 자립할 수 있도록 만드는 것이다.

'너의 삶을 뒤흔들어라!'

독일에서는 4년간의 초등학교 과정이 끝나면 1~2년 정도의 관찰 기간을 거치면서 인문계 중등학교(Gymnasium) 또는 실업계 중등학교(Realschule)로 진학하게 된다. 기본학교(Hauptschule)는 인문계나 실업계 어디로도 확실히 정하지 못하고 방황하는 아이들을 위한 학교이다. 기본학교 학생들은 대체로 자신감이 없고 학습과 관련해서도 스스로 포기한 경우가 많다. 그러다 보니 장래 전망도 '하르츠 피어(Hartz IV)'라는 사회복지 체제의 하위 수급자 정도로, 다시 말해 좀 무능한 사람이나 사회적 도움이 필요한 사람 정도로 치부된다. 과연 이런 기본학교 학생들에게 구체적인 도움을 줄 수 있는 사람들은 누구일까? 대학교에서 문제 상황 해결법을 체계적으로 배웠고 자신의 지식을 실천적으로 적용하는 것을 좋은 학습의 단계로 간주하는 대학생들이 바로 적임자이다. 이 도우미 그룹은 기본학교 학생들과 일정한 기간만이라도 일종의 동행자가 되어 일상적 도움을 주게 된다. 대개 기본학교 학생들은 일종의 심리적 결함이 있는 셈인데, 그러한 결함을 적절히 잘 메워 주는 것이 도우미의 역할이다. 그리하여 이 학생들이 기본학교를 무난히 졸업할 수 있도록, 마침내 직업 세계로까지 성공적으로 진입할 수 있도록 도와주는 것이다.

독일 프리드릭스하펜 대학교의 상경대 학생들은 슈테판 얀센 교수의 지도 아래 기본학교 학생들과 일대일 코칭 시스템을 구축했다. 프로젝트의 이름은 '너의 삶을 뒤흔들어라!'였다. 이 프로젝트는 처음부터 잘 계획되었고 상당히 전문적으로 조직되었다. 기본학교 아이들은 직업 교육을 받거나 노동 세계로 잘 나아갈 수 있도록 확실하고도 지속적인 방식으로 개별 코칭을 받았지만, 처음에는 자기들이 얼마나 행운아인지 알아차릴 수 없었다. 사실, 기본학교에 다니는 아이들은 여태껏 자기 삶에 그렇게 진지한 관심을 가져 주는 사람들이 없었다고 느낄 정도로, 아무도 살지 않는 황무지에 방치된 느낌을 갖고 있었다. 그런 상황에서 아이들은 이 혁신 프로젝트 덕분에 완전히 새로운 인생 경험을 하게 되었다.

'너의 삶을 뒤흔들어라!' 프로젝트는 2009년에 시작된 뒤 갈수록 많은 지역사회로 들불처럼 번져 나가고 있다. 과연 그 까닭은 무엇일까? 특히 대학생들이 그토록 진지한 태도와 뜨거운 열정으로 임하는 까닭은 무엇일까? 그것은 부분적으로 대학생들도 프로젝트에 참여함으로써 직간접적으로 얻는 것이 많기 때문이다. 대학생들은 후배 격인 기본 학교의 학생들, 즉 굉장히 어렵게 살고 있는 아이들을 일대일로 코치하는 가운데 스스로도 가슴 뭉클한 삶의 체험을 한다. 타인에게 봉사하는 일은 그 자체로 자신에게도 의미 있게 다가오기 때문이다. 게다가 대학생들은 학교에서 이론적으로 배운 여러 내용을 실제 삶에 적용하는 가운데 이론과 실천의 '균형'을 실감하게 된다. 실제로, 이 프로젝트에 처음부터 적극 참여한 대학생 한 명은 베를린에서 열린 공개 토론회에서 자신은 이 프로젝트에 참여함으로써 요즘 가장 중요하다고 생각하는 '정서적 역량'을 제대로 배우게 되었다고 힘주어 말했다. 이어서 그는 이 정서적인 능력이야말로 오늘날 갈수록 격심한 변화를 겪고 있는 경영 및 경제 세계에서 새로운 차원의 결정적 성공 요인이 될 것이라는 확신이 든다고 말했다. 끝으로 그는 정서적 역량을 실천 속에서 기르게 하는 이런 수업이 앞으로 모든 학생에게 필수 과목으로 지정되는 것도 좋을 것이라고 제안했다.

마틴 우틀리 치매 요양원

치매 환자처럼 특별한 보살핌이 필요한 사람들은 누가 맡는 것이 좋을까? 그것도 유럽의 평균적인 시설에서 요구하는 가격 수준보다 훨씬 저렴하게 말이다. 그 대답은 이렇다. 노인에 대한 보살핌을 특별히 가치 있고 의미 있는 일이라 생각하는 문화 속에서 자란 사람들이 적격일 것이다.

대체로 독일이나 중부 유럽에 있는 치매 환자 요양 시설에 대한 사회적 평판은 그리 좋지 않다. 돌봄의 사회적 품질이랄까, 사람들이 치매 환자를 대하는 태도 따위가 별로 좋지 않기 때문이다. 만약 1등급부터 6등급까지 급수를 매긴다면 많은 사람이 아마 4등급 정도로 매길 것이다. 물론 대부분의 요양원 직원들은 최소한 입사할 때만큼은 왕성한 의욕을 갖고 있다. 그러나 비용 절감 압박에 시달리는 경영진이 직원들을 갈수록 컨베이어 벨트 위의 노동자처럼 쪼아 대니 직원들은 성심성의껏 환자를 돌보기가 어려워진다. 사실, 효율성을 최고로 치는 경영진의 눈에는 치매 환자들에게 계속 인간적으로 대하면서 신경을 쓰는 일이나, 환자와 인간적인 상호 작용을 하면서 환자의 상태를 호전시키는 프로그램 같은 것은 모두 비용 요인으로밖에 보이지 않는다. 그렇게 질 좋은 보살핌을 제공하는 요양원이라면 한 달에 평균 1만 유로 이상을 요구할지도 모른다. 많은 가정은 일반 요양원에서 드는 최소한의 '기본 경비'인 4천 유로조차 감당하기 힘들다. 그렇다면 이런 환자들을 적절한 가격에 인간적으로 보살피기는 정말 어려울까?

이런 고민을 하는 사이에 스위스의 마틴 우틀리가 대안을 하나 발견했다. 그는 치매 환자를 온종일 돌보는 요양원을 타이(Thailand)에 설립했는데, 가격도 독일에서 드는 기본 경비의 절반인 2천 유로밖에 들지 않는다. 더욱 획기적인 것은, 거기서 보살핌을 받는 환자들이 독일이나 유럽에서 1만 유로나 내는 요양원에서보다 훨씬 행복하게 느낀다는 점이다.

타이의 치매 요양원 환자들이 그렇게 높은 만족도를 보이는 이유는 무엇일까? 평소에 마틴 우틀리는 타이로 자주 여행을 갔는데, 여행 때마다 노인이나 환자, 허약한 사람 등에게 지극한 관심을 쏟는 타이의 문화를 느꼈다. 그런데 타이 사람들이 노약자 등 보살핌이 필요한 사람들에게 극도로 존중하는 마음이나 관심을 기울이는 것, 친절하고 상냥하게 대하는 것은 돌봄이나 사회복지와 관련된 직업 교육을 통해 일정한 자격증을 취득했기 때문이 아니다. 그것은 바로 타이 사람들이 지닌 삶의 태도, 문화적 가치의 차이였다. 타이 사람들에게는 노인이나 환자를 보살피는 것이 하나의 기쁨으로 여겨진다. 그러니 외국 환자들이 오더라도 처음에는 서로 말이 통하지 않지만 현지 간호사들이 지극정성으로 돌보다 보니 얼마 지나지 않아 아주 친해지게 된다. 그러니 독일 환자가 타이의 마틴 우틀리 요양원에 가더라도 별 문제가 없다.

마틴 우틀리 요양원에는 독일이나 스위스에서 온 치매 환자들만 오롯이 살고 있다. 그런데 이 환자들의 고국에 있는 해당 관청들은 마틴 우틀리 요양원을 정식으로 인정해 주지 않고 있다. 그래서 환자들은 매월 내는 2천 유로조차 사회복지 비용으로 충당하지 못하고 모두 개인이 부담해야 한다. 노인 요양 보험 기관들은 공식 인가를 받은 요양 기관에 대해서만 비용을 지불하기 때문이다. 그런데 독일이 규정하고 있는 요양원의 건강 기준은 타이의 요양원이 제대로 충족하기 어려울 만큼 까다롭다. 당국에서는 이 건강 기준을 엄격히 고집하기 때문에 독일에서는 오히려 많은 요양원이 그 기준은 지키되 사회 기준, 즉 보살핌의 질적 차원에 대해서는 별로 신경을 쓰지 못하는 편이다. 그렇지 않으면 감당하지 못할 수준으로 비용이 올라가기 때문이다. 그래서 사람들은 이런 상황을 '울며 겨자 먹기'로 받아들이고 있다. 그러다 보니 건강 기준도 잘 지키면서 사회 기준도 높은 요양원을 이용할 수 있는 이는 오직 부자들, 특권층뿐이다. 게다가 독일 정부는 과연 어떤 식이 되어야 결과적으로 환자들에게 가장 좋은 의료 서비스가 될지에 대해 자세히 검토하고 있지도 않다. 사실, 건강이란 무슨 체크리스트로 표시하거나 수치로 이야기할 수 있는 것이 아니지 않은가. 그러므로 건강이라는 개념을 삶에 가깝게 정의하고 점검하려면 독일 시스템보다는 타이에서 치매 환자를 돌보는 방식처럼 해야 한다. 그래야 보살핌을 받는 환자들이 실질적으로 건강해질 수 있을 것이다.

왜 우리에게는 환자 본인이나 그 가족이 의료 서비스의 중요한 기준들을 스스로 결정할 수 있는 기회가 없는가? 왜 우리는 독일이나 유럽의 서민 가족들이 인간의 존엄성을 느끼면서도 건강을 호전시키는 인간적인 보살핌을 받지 못하도록 사실상 억압하는가? 그러면서도 왜 우리 정부는 그런 환자들이 타이로 가서 독일과 비교도 되지 않을 정도의 질 높은 의료 서비스를 받을 기회를 박탈하는가? 다시 말해, 왜 독일의 노인 요양 시스템은 총체적으로 볼 때 서비스는 훨씬 떨어지면서도 돈은 두 배로 요구하는가? 타이 같은 경우 돈은 절반만 내면서도 서비스의 질은 훨씬 좋은데 말이다.

그런데 실은 타이 외에 많은 나라에서도 노인을 존중하는 문화가 존재하기 때문에 비슷한 요양 제도를 도입할 여지는 얼마든지 있다. 만일 독일 사람들의 입장에서 노인 요양원 문제에 대한 해법을 생각할 때,

비용은 절반으로 줄이되 서비스의 질은 두 배로 늘릴 수 있다면 수많은 사람이 혜택을 보게 될 것이다. 나아가 노인을 존중하는 외국 문화와 접촉이 많아진다면 장기적으로 독일 사회도 가치 있는 문화를 배우게 될 것이다.

그래서 누군가 사회 시스템을 고치는 혁신을 적극 모색한다면 오랫동안 국가 당국의 경직된 사고방식과 직접 싸울 각오를 해야 한다. 이런 면에서 보더라도 마틴 우틀리의 결정, 즉 초창기에는 정부 당국에 의존하지 않고 우선 요양비를 스스로 낼 수 있는 '개인 고객'만 수용한다는 결정은 옳았다. 그러나 정치적, 행정적 업무를 담당하는 이들과 좀 더 창의적이고 좀 더 개선된 해법을 찾기 위해 토론을 벌이는 것은 매우 필요하다. 여기서 중요한 부분은 예방 비용에 대한 것이다. 그래서 '온 사회의 행복을 위한 사회적 투자' 개념과 같은 사회 혁신을 이루려면 국가가 아낌없이 지원할 수 있도록 우리 편으로 견인해야 한다. 그래서 예방 비용 개념을 통한 설득 논리가 필요하다. 즉, 만일 제대로 된 사회 혁신 투자가 이루어진다면 온갖 사회적 문제가 예방될 수 있어 어마어마한 사회적 비용이 절감될 수 있다는 점, 바로 이것을 강조할 필요가 있다.

일례로 학교 폭력이나 직장에서의 과로 및 만성 피로를 성공적으로 예방하기 위해 사회 혁신을 하는 경우, 독일처럼 사회보장이 잘된 나라에서는 이미 구축된 데이터베이스가 있어 그런 사회 혁신이 가져올 예방 비용 효과를 산정하기도 쉽다. 오스트레일리아에서는 바로 이런 논리에 따라 일부 영역에서 국가가 직접 나서서 행하고 있다. 미국에서도 버락 오바마 대통령이 사회적 기업가 육성을 위해 1억 달러 프로그램에 관한 법을 통과시켰다. 만일 이러한 예방 비용의 논리가 보편적으로 수용된다면 사회 혁신가나 사회적 기업가들에게는 사회적으로 대단한 돌파구가 열리는 셈이어서, 그 뒤로 더 많은 사회 혁신을 연이어 촉진하게 될 것이다. 그리하여 각종 사회 혁신은 사회복지 영역에서 어마어마한 비용 절감 효과를 낳고 사람들이 느끼는 복지나 삶의 질도 드높아질 것이다.

이 장에 나온 네 가지 사례는 모두 교육 내지 복지 분야에서 나온 것이다. 그러나 다른 분야에서도 얼마든지 이런 식의 혁신 사례는 나올 수 있다. 이 혁신 사례들이 우리에게 주는 기본적인 메시지는 모두 같다. 단순한 질문을 던지는 것, 그리고 좀 엉뚱하게 보일지 모르지만 결국은 단순한 해법들을 생각해 내고 머릿속에서나마 이리저리 창의적으로 생각해 보는 것이 중요하다는 점이다. 여기서 중요한 것은 바로 자신을 믿는 것인데, 특히 여태껏 각 문제 영역마다 사회적 해법을 만들어 왔던 전문가들이나 설계자들이 '불가능한' 것이라 치부해 왔던 것에 대해서조차 아무런 거리낌이나 두려움 없이 끝까지 밀고 나가는 것이 매우 중요하다. 예를 들면, 지금까지 '문제 집단'이라 여겨진 사람들조차 스스로 혁신적 해법을 만들어 내는 주체가 될 수 있다는 발상의 전환이 특히 중요하다.

지금까지 말한 사례들에서도 역시 자신을 굳게 신뢰하고 스스로 뭔가 용감하게 시도하는 사람들(개인이나 팀)이 핵심이었다. 이런 맥락에서 다음에 나올 사례들은 기업이나 조직의 구성원이면서도 뭔가 사회 혁신적인 일을 꾀하고자 하는 사람들에게 상당한 시사점을 줄 것이다.

그라민 다농

과연 어떤 기업이 창의적이고 가치 있는 사회 혁신이나 그에 기초한 자립적인 사회 혁신적 사업 모델을 발전시킬 수 있을까? 잠정적으로는 사회 혁신이나 사회 혁신적 사업이 가진 새로운 기회들을 제대로 인식한 모든 기업, 그리고 새로운 세계를 발견하기 위해 진지한 노력을 기울이는 모든 기업이 해당될 것이다.

세계적 낙농 기업인 다농을 이끄는 프랑크 리부와 무함마드 유누스 사이의 대화는 하나의 전설로 통한다. 리부는 원래 유누스 총재를 만나 소액 대출 제도라는 좋은 아이디어를 높이 평가하고 실질적인 지원의 의미에서 백만 달러 수표만 건네주려 했다. 그러나 유누스는 리부와 면담하는 자리에서 더 많은 것을 원했다. 사실 그가 원한 것은 돈이 아니라 더 많은 사업가적 마인드였다. 그래서 유누스는 수표를 정중히 거절하면서, 차라리 공동으로 사업을 해 보자고 제안했다. 일종의 소셜 비즈니스 조인트 벤처, 즉 공동의 사회사업을 하자고 제안한 것이다.

유누스 총재가 생각한 것은 세계적 요구르트 기업인 다농과 함께 특별한 요구르트를 개발하는 것이었다. 이 특별한 요구르트는 방글라데시의 지극히 가난한 사람들에게 절실히 필요한 영양분을 다 갖춘 것이었다. 리부는 그 아이디어가 정말 참신하다고 판단했고, 전혀 주저함 없이 유누스의 제안을 수락했다. 그러면서 그는 이 공동의 사회적 기업이 원래의 자기 기업에도 어떤 의미가 있을지 금세 감을 잡았다. 물론 그것은 세계적 기업이 가치 있는 사회적 기여를 한다는 언론 보도상의 긍정적 홍보 효과를 넘는 것이었다. 그래서 그는 주주들에게 공개적으로 공동의 사회사업 구상에 대해 설명하고 동의를 구했다. 그간 다농은 세상의 '정상적인' 시장은 거의 다 개척했다. 그러나 아직도 개척하지 못한 시장이 있는데 바로 가난의 문턱에 걸려 있는 시장이다. 만일 다농이 적절한 제품으로 이 시장을 개척하는 데 성공한다면 고객층이 최소한 두 배로 늘 것이다. 다만 우리가 기억해야 할 것은 이 세상의 어느 컨설팅 회사도 그 새로운 시장을 위한 상품을 어떻게 개발할 수 있을지 모른다는 점이다. 왜냐하면 그 상품은 정말 가난한 사람들이 생활을 개선하는 데 도움이 되면서도 가격도 저렴해 쉽게 구입할 수 있어야 하기 때문이다. 이런 상품을 다농에서 개발한다면 그것은 다농이라는 회사의 미래를 위해 가치 있는 열쇠를 손에 쥐는 것이나 다름없다. 대체로 이런 논리였다.

유누스는 이 공동 사업을 위해 단 하나의 조건을 내걸었다. 회사가 공동의 초기 투자금을 회수하자마자 그라민이 다농의 지분을 모두 살 수 있게 허용할 것, 그리하여 그라민 다농이 그라민의 소유주들에게 귀속될 것이라는 내용이었다. 사실 그라민의 소유주들은 93퍼센트가 그라민 은행에서 소액 대출을 받은 사람들인데, 결국 이 농촌의 가장 가난한 사람들이 그라민 다농이라는 회사의 실질적 주인이 되도록 하자는 것이었다.

리부도 이러한 조건에 기꺼이 동의했다. 왜냐하면 가난한 사람들을 위해 특별한 제품을 공동 개발하는 과정에서 얻는 경험의 가치는 돈으로 계산하기 어렵다고 생각했기 때문이다.

그리하여 이제 다농은 이미 30개가 넘는 소셜 비즈니스에 참여하고 있다. 이 모든 소셜 비즈니스는 사회 기여를 위해 주주들에게 배당을 주지도 않고 장기적으로는 극빈층 사람들이 그 사업을 물려받을 권리까지 주는, 획기적 원리 위에 움직인다. 다농에서 일하는 사람들은 이러한 참여를 매우 높이 평가한다. 이 회사의 최고 경영진 중 한 사람은, 만약 다농이 구성원들에게 가장 적절한 방식으로 동기를 부여하려 한다면 소셜 비즈니스를 계속 만들어 나가면 된다고 말했다. 다른 한편, 수많은 젊은이와 고위 경영진이 전례 없이 다농으로 자리를 옮기려고 앞을 다투었다. 같은 직장 생활이라도 이왕이면 의미 있게 일하는 것이야말로 갈수록 많은 사람에게 최고의 인센티브가 되고 있는 것이다. 물론 다농의 최고 경영진은 다른 합리적인 경영자들과 마찬가지로 이런 생각을 했다. 가난한 사람들을 위한 특별한 상품을 개발해 새 시장을 개척하면 그것이 기초가 되어 다른 기업들에 비해 미래 시장에서 어마어마한 장점을 갖게 될 것이라는 점이다. 특히 가난한 사람들에게 절실히 필요한 제품이나 서비스를 제공함으로써 마침내 빈민층이 가난을 극복하도록 도움을 준다면 그것만으로도 회사는 이미 수많은 고객층을 확보하는 것이나 다름없다. 왜냐하면 빈곤층 시장이란 사실상 대단히 어려운 영역이라, 시장 경쟁력이 있으면서도 사회 혁신적 효과가 있는 제품을 개발하기가 쉽지 않기 때문이다. 바로 이것을 다농이 마침내 해냈다. 실제로, 그라민 다농이라는 조인트 벤처도 세 번씩이나 사업 모델을 수정해 가며 시도를 했는데 하마터면 실패로 돌아갈 뻔했다. 천 신만고 끝에 경영진은 스스로 설 수 있는 최종 해법을 발견했다. 이 사 업 모델은 오늘날 방글라데시에서 수많은 소규모 생산 거점과 체계적 인 협력 관계 속에서 전면적으로 뻗어 나가고 있다.

많은 기업이 투자자들에게는 '무배당' 원칙을 고수하면서도 그라민 과 같은 사회적 기업과 함께 공동으로 사회사업(소셜 비즈니스)을 벌이 는 까닭은 이렇다. 그들이 그라민과 같은 경험 많은 사회적 기업과 함 께 사업을 벌이는 가운데 상호 학습을 가능하게 하는 훌륭한 파트너를 얻게 된다는 확신이 들기 때문이다. 만약 투자자 입장에서 최소한의 자 본 배당금이라도 받기를 원하는 경우, 이들은 소셜 인베스트먼트 조인 트 벤처, 즉 공동의 사회 투자 사업을 벌일 수도 있다. 강력한 사회 혁신 이나 사회 혁신적 사업 모델이 많이 개발될수록 무배당 원칙에 의거한 소셜 비즈니스보다 최소 배당 원칙에 의거한 소셜 인베스트먼트가 점 점 늘어날 것 같다.

전자의 경우든 후자의 경우든 참여하는 기업 구성원들과 사회적 사 업 조직의 경영진은 사회 혁신이나 사회 혁신적 사업 세계의 급증하는 성공 사례들을 지속적으로 알림으로써 선구적 또는 모범적인 역할을 수행할 수 있다. 다시 말해 그러한 사업을 벌이는 가운데 자연스럽게 얻게 되는 새로운 가능성이나 기회들을 세상 사람들에게 널리 알리는 것이 중요하다. 이것은 일종의 버전 2.0에 해당하는 기업의 사회적 책임이라 할 수 있는데(CSR 2.0), 전통적으로 기업의 사회적 책임이란 비용이 많이 소요되는 아이디어였음에 비해, 이 새로운 버전(사회 혁신적 사업 모델)은 사회적 혁신 효과도 크고 추가 비용이 거의 들지 않을 정도로 자립이 가능하기 때문이다. 나아가 함께 일하는 구성원들도 의미와 보람을 느끼기 때문에 저절로 내재적 동기 부여가 이루어진다는 강점도 있으며, 갈수록 혁신이 혁신을 낳는 등 혁신의 업그레이드도 가능하다. 그러다 보니 완전히 새로운 제품이나 서비스도 자연스럽게 창조되며 마침내 전례 없는 새로운 시장 개척도 가능해진다. 앞서 말한 세계의 극빈층을 위한 시장(이것을 시장 개념으로 파악하는 것은 좀 외람된 구석이 있기는 하다. -옮긴이)이 바로 그것이다. 독일 텔레콤이나 소프트웨어 다국적기업인 SAP(Systems, Applications, and Products in Data Processing), 그 외 수많은 대기업이나 중소기업의 직원들은 이러한 혁신을 성공적으로 해냈다. 그리하여 그 기업들은 나름의 프로젝트에 참여함으로써 완전히 새로운 세계로 진입했다. 이 책을 통해 여러분은 이 책이 말하고자 하는 바가 단순히 개발도상국이나 후진국에서 새로운 시장을 개척하는 것이 아님을 알게 될 것이다.

사회 혁신의 중요한 전제는
건강한 인간관이다

 사회 혁신이나 사회 혁신적 사업에 관한 경험이 말해 주는 것은, 인간에 대한 건전한 이해, 즉 건강한 인간관이야말로 가장 핵심적 요인이란 점이다. 다시 말해 사람이나 사회를 편협하고 이기적인 시각이 아니라, 더불어 건강하고 행복하게 살아야 한다는 건전한 시각으로 보는 것이야말로 경제, 사회, 생태 문제를 창의적으로 해결하는 돌파구, 즉 사고와 행위의 새로운 차원에서 성공적인 프로젝트를 만들어 내는 데에 가장 중요한 전제라는 것이다.

 베를린의 경제학자 귄터 팔틴은 혁신적이면서도 경제적으로 효율적인 사업 모델이, 특히 사회 혁신적 사업 영역에서조차 과거 10년 전보다 훨씬 더 간단해졌다고 주장한다. 예전에 스스로 구축해야 했던 일들도 요즘은 간단한 소프트웨어만 구입하면 해결할 수 있고, 전문적인 회사들과 유연하고 효과적인 계약을 맺음으로써 더 잘 관리할 수 있다. 대표적으로, 사무실 서비스나 자재 조달 시스템을 그런 식으로 운용할 수 있다. 갈수록 많은 기업이 인터넷 덕분에 예전처럼 일시에 거대한 예비 자금을 마련하지 않아도 된다. 가장 기본적인 모델이 성공한다면 한 단계씩 점진적으로 범위나 규모를 확장해 가는 것은 상대적으로 쉬운 일이 되어 버렸다.

"모든 사람이 사업가다!" 이 말은 원래 "모든 사람은 예술가다!"라는 요셉 보이스의 유명한 말을 귄터 팔틴이 응용한 것이다. 이 구호는 나름 상당히 일리가 있다. 게다가 사람들이 보다 폭넓게, 그리고 새롭게 뭔가 다른 것을 시도해 볼 수 있는 이 시대에 걸맞은 커다란 잠재력을 갖고 있다.

그의 저서 《두뇌가 자본을 이긴다》는 호소력이 강해 많은 사람에게 진심 어린 추천을 받고 있다. 이 책은 새로운 사업을 시작하는 것을 두려워하는 사람들에게 용기와 격려를 아끼지 않고 있기 때문에 더욱 인기가 좋다.

만약 극히 일부의 용감하고 끈질긴 사람들만이 사회 혁신이나 사회 혁신적 사업을 추진한다면, 참신한 사고와 행위가 필요한 새로운 세계는 너무 빤한 수준에만 머물지 모른다. 좀 더 나아가려면 이런 질문을 던질 필요가 있다. 어떻게 하면 훌륭한 사회 혁신을 수백 내지 수천 건 정도가 아니라 수십만 내지 수백만 건 정도 이룰 수 있을까? 어떻게 하면 사회 혁신을 창조하는 방법을 잘 배울 수 있을까?

사회 혁신을 위한 디자인 사고

미국의 선구적 경제인 두 명이 비슷한 질문을 던졌다. 그러한 질문은 중국과 인도가 역동적으로 변해 가고 많은 개발도상국에서도 역동성이 왕성하게 번지는 것을 보고 나왔다. 어떻게 하면 수많은 사람을 체계적으로 교육해서 훌륭한 혁신가로 만들 것인가? 그리하여 되도록 많은 혁신이 가능하도록, 그리고 마침내 (미국에서) 미래의 복지 체제 구축을 위한 기초를 탄탄히 다지도록 만들 수 있는 방법은 무엇인가? 어떻게 해야 광범위한 혁신 문화를 창조해서 그것이 단지 연구실의 상아탑에만 머물지 않고 사회 곳곳이 번창할 수 있도록, 특히 대학에서도 혁신 문화가 활기차게 꽃피우도록 만들 수 있을까? 왜 대학에서는 모든 학생을 핵심 교육의 일부에서라도 창의적인 혁신가로 양성하는 프로그램을 만들지 못할까?

바로 이런 지극히 예리한 질문들을 처음으로 던진 이는 미국의 데이비드 켈리였다. 그는 혁신적 개발을 위한 미국의 선도 기업 아이데오(IDEO)의 설립자였다. 이 회사의 혁신적 아이디어에 힘입어 성공한 기업 중에는 저 유명한 애플(Apple)도 있다. 데이비드 켈리는 미국의 명문 스탠퍼드 대학교 안에 최초의 '디자인 사고 학교(School of Design Thinking)'를 세웠다. 얼마 지나지 않아 그는 비슷한 소신을 가진 한 사람을 만나게 되었다. 그는 체계적인 혁신 개발을 위한 이 학교의 설립을 적극 지원하기 위해 자기 재산의 일부를 기꺼이 투자하겠다고 나섰다. 바로 하소 플래트너였다. 그는 SAP라는 소프트웨어 회사 설립자 중의 한 사람이었다. 그런데 그는 한 가지 조건을 내걸었다. 곧이어 제2의 디자인 사고 학교를 독일 포츠담 대학교에 있는 하소 플래트너 연구소에 설립하자는 것이었다.

디자인 사고라는 아이디어 자체는 단순하다. 전문가들은 대개 자기 전공 분야의 좁은 영역 안에서만 혁신을 만들어 낸다. 그러다 보니 많은 기술 혁신이 너무 기술적으로만 돌아가고 그 효용이 일반인들에게 직접 다가가지 못하는 경향이 있다. 애플의 성공 요인도 바로 이 지점에서 찾을 수 있다. 애플은 자사 제품을 사용하는 고객들이 누릴 효용과 기쁨을 최우선 순위로 추구했기 때문이다. 따라서 도대체 무엇이 고객의 새로운 효용일 수 있으며 효용이어야만 하는가 하는 것이 중요하다. 물론 이 문제는 기술자들의 의사 표시와는 별개로 취급되어야 한다. 이렇게 고객의 효용에 대한 정의가 먼저 이루어지고 난 뒤에 비로소 기술자들이나 다른 전문가들이 적극 참여하여 고객의 효용을 어떻게 만들어 낼지 함께 고민하고 해결책을 찾아야 한다. 이것이 올바른 순서이다.

디자인 사고란 일종의 방법론으로서 여러 분야의 사람들이 소규모로 팀을 이루어 다양한 인식이나 학습 스타일을 총체적으로 결합해 보는 것이다. 그리하여 개별적 발언에 대한 가치 평가나 우열 판단 없이, 각자의 건설적 의견 발표라는 기본 원리에 따라 다음과 같은 절차를 밟게 된다.

가장 어려운 단계라고도 하는 첫 번째 단계에서는 문제 제기의 내용이 정확히 이해되어야 한다. 여러 학문 분야의 출신들이 결집된 팀은 문제 제기의 내용 또는 해결해야 할 과제의 내용을 가능한 한 엄밀하게 정의해야 한다. 대개 전문가들은 혁신의 개발을 위해 필요한 것을 모두 알고 있다고 자만한다. 그러다 보니 경제를 비롯한 모든 분야에서 수많은 제품이나 서비스가 사람들의 진정한 필요나 욕구에 부합하지 못하게 된다. 그래서 다양한 분야의 사람들이 하나의 팀으로 결집되는 것이야말로 이러한 편협성을 벗어날 수 있는 첫걸음이다. 특히 이 팀은 되도록 포괄적인 시각으로 문제 상황을 정의해야 한다.

디자인 사고 과정에 있어 더욱 중요한 단계는 두 번째 단계이다. 이 단계가 잘되어야 처음에 제기된 문제를 제대로 풀어낼 수 있기 때문이다. 이 단계는 목표 설정을 정확히 하는 단계이다. 그러기 위해 반드시 팀의 모든 구성원이 당사자인 현지 사람들을 직접 만나 어떤 혁신이 필요한지 물어야 한다. 즉, 무엇이 문제 상황이며 출발점이 어디인지 정확히 이해할 수 있어야 한다. 그래서 목표 집단의 사람들, 즉 당사자들이 구체적으로 무엇을 절실히 필요로 하는지 잘 알아야 한다. 이것을 정확히 파악할수록 혁신의 내용이나 결과도 좋아지고 당사자들도 만족하게 될 것이다. 그래야 혁신을 통해 나오는 제품이나 서비스가 사람들의 필요에 적절히 부합할 것이기 때문이다.

무함마드 유누스 총재는 특히 빈민층이 빈곤의 악순환으로부터 해방되기 위해 도대체 무엇을 필요로 하는지 자상하게 물어본 바 있다. 바로 이것이야말로 디자인 사고방식과 정확히 일치한다. 그렇게 해야만 유식한 전문가들이 탁상공론으로 뭔가 그럴듯한 것을 만들었으나 현장에서는 아무 쓸모없는 것이 되어 버리는 오류를 피할 수 있다. 예컨대 무엇이 필요한지 물어보았을 때 빈민층은 약간의 돈만 있으면 필요한 것을 직접 만들 재료나 도구를 구할 수 있다고 말한다. 그렇게 되면 그들은 직접 만들어 가는 가치 창조의 과정이나 결과를 외부의 착취자에게 빼앗기지 않고 스스로 누릴 수 있게 된다. 그렇다. 바로 이 점이 대단히 중요하다. 당사자들의 필요나 욕구에 부합하는 것을 찾기 위해 집중적이고 개방적인 조사를 함으로써 유누스 총재는 빈곤 극복을 위해 어떤 혁신이 필요한지 감을 제대로 잡았던 것이다. 결론은 빈민을 위한 대출 제도였다. 이것이 저 유명한 마이크로 크레디트, 즉 무담보 소액 대출 제도이다.

이렇게 해서 두 번째 단계에서는 문제 상황에 대한 다양한 시각이 종합되고, 특히 당사자 목표 집단에 대한 설문 조사나 정확한 관찰 같은 것을 통해 문제를 정말 360도 각도에서 투명하게 파악할 수 있다.

세 번째 단계에서는 다방면의 전문가들로 이루어진 팀이 그때까지 확보한 정보나 인식을 바탕으로 이른바 '페르소나'를 하나 만든다. 페르소나란 가장 이상적이면서도 가시적인 목표 집단의 대표자인데, 혁신을 통해 개선해야 할 삶의 상황을 가장 잘 보여 주는 개인이다. 복잡한 연관성을 잘 이해하기 위해, 또 문제 상황을 계속 시야에서 놓치지 않고 염두에 두기 위해, 나아가 팀원들 사이에 인식을 공유하기 위해, 그리고 그 이후의 작업에서도 서로 소통을 원활히 하기 위해, 대단히 상세한 수준으로 시각화를 잘하는 것이야말로 프로젝트를 성공으로 이끄는 데 결정적인 도움이 된다.

네 번째 단계에서는 대개 혁신 과정 초기에 실시하는 브레인스토밍이 이루어진다. 만약 브레인스토밍이 너무 일찍 시작되면, 모든 구성원이 각자 파악한 문제 상황만 가지고 검증되지도 않은 아이디어를 중구난방으로 쏟아 낼 위험이 있다. 그뿐만 아니라 그런 상황에서는 어느 팀이라도 360도 각도의 전 방위에서 문제를 이해하기가 어렵다. 그러다 보니 인원 선발 단계에서 브레인스토밍 과정이 물밑에서 이뤄지는 권력 투쟁의 공간이 되기 쉽다. 힘 있는 자의 마음에 드는 구성원들만 프로젝트 팀에 발탁될 소지가 있기 때문이다. 그래서 디자인 사고 과정에서는 브레인스토밍이 맨 앞에 나오지 않고 전 과정의 중간 정도에 나온다. 그 앞의 세 단계가 진행되는 동안 착실한 준비가 이뤄지면서 브레인스토밍은 이제 팀원들의 아이디어를 질적으로 고양된 수준으로 끌어올린다. 20~30분 정도의 브레인스토밍은 해법의 파노라마를 연출하는 데 충분한 것으로 나타났다. 이제 사람들은 가장 좋은 해법을 찾아 집중적으로 공동 작업에 들어간다.

이제 5단계로 접어든다. 4단계에서 착안된 해결책의 실마리는 이제 다시금 가시화 과정으로 들어간다. 혁신의 아이디어는 손에 잡힐 정도로 하나의 모범적인 구상으로 집약된다. 일종의 시범 모형인 셈이다. 만약 제품 하나를 혁신적으로 개발해야 한다면 이것을 우선 마분지나 레고 벽돌같이 가장 단순한 소재로 만들어 본다. 서비스 혁신이 필요한 경우에는 비디오 같은 것으로 촬영해 그 내용을 대략적으로나마 실감나게 보여 주는 게 좋다.

마지막으로 여섯 번째 단계에서는 시범 모형을 가지고 혁신에 대한 검증, 즉 테스트를 실시한다. 이 테스트는 혁신의 내용이 과연 목표 집

단에 적합한 것인지 알아보기 위해 현지인과 함께 실시하는 것이 바람
직하다.

디자인 사고의 전 과정에서는 항상 참여자들이 인지한 내용이나 해
결 방법에 대해 단정적으로 확신하기보다는 끊임없이 다시 질문하는
것이 중요하다. 이를 위한 원칙 중 하나는 "일찍 실패하라. 그리고 자주
실패하라!"이다. 보통 서양에서는 실패하는 것을 최악이라 여기지만,
디자인 사고 과정에서는 실패를 절대적으로 중요하고 필요하며 가치
있는 것으로 여긴다. 만일 누군가 실패를 두려워하는 경우, 불가피하게
자신이 가지고 있는 기존의 사고방식을 고집하려 든다. 그렇게 되면 편
견이나 고정관념을 극복하기가 더욱 어려워진다. 사실, 모든 혁신의 개
발 과정에서 가장 중요한 점이 바로 이것이다. 즉, 지금까지의 사고의
틀과 기꺼이 이별하는 것이 대단히 중요하다.

사회 동향 연구가 스벤 가보르 얀스키도 수십 년 동안의 성공적 혁신
사례들을 분석한 끝에 이런 점을 재확인한 바 있다. 즉, 성공적인 혁신
들은 대체로 특정한 인간 유형, 곧 '규칙을 깨뜨리는 사람들'에 의해 이
뤄졌다는 것이다. 이들은 지금까지 통용되던 게임의 규칙을 자세히 들
여다보면서 회의적인 질문을 던진다. 가령 이러한 게임 규칙들이 왜,
어떤 경우에, 어느 정도로, 새로운 사고방식이나 새로운 문제 해결 방
법을 발견하지 못하게 막는가 하는 질문이다. 이런 관점에서 보면 디자
인 사고라는 것은 일종의 집단적인 규칙 파괴라 할 수 있다. 그리고 하
나의 디자인 사고 과정은 지금까지의 사고방식의 한계가 극복될 때까
지, 또한 척박한 삶의 상황이 혁신적 변화와 더불어 실질적으로 개선될

때까지, 그리하여 삶의 질의 새로운 단계가 도래할 때까지 계속된다.

원래 디자인 사고는 서양 선진국들이 혁신력을 한층 더 고양하기 위해, 그리고 중국, 인도 등 개발도상국들의 급속한 추격 발전에 추월당하지 않으려고 나온 것이다. 그래서 모든 관심의 초점은 최우선적으로 기술적 혁신 또는 사업적 혁신에 놓여 있었다. 그러나 미국의 스탠퍼드 대학교와 독일의 포츠담 대학교에서 시범 프로젝트가 시작되었을 때, 디자인 사고를 배운 대학생들은 기술적, 사업적 혁신보다는 생태적이고 사회적인 혁신을 지속시키는 데에 더 많은 관심을 두었다. 그들의 생각은 오늘날 세계는 무엇보다도 생태적이고 사회적인 혁신을 절실히 필요로 하는데, 그런 혁신을 위해 기술 혁신이나 사업 모델 혁신 같은 것도 기꺼이 같이 껴안을 필요가 있다는 것이었다.

이런 생각으로 나는 울리히 바인베르크(독일 포츠담 대학교의 하소 플래트너 연구소 부설 디자인 사고 학교를 이끄는 소장)를 만나 열린 마음으로 대화를 나누었다. 핵심은 디자인 사고를 참된 사회 혁신을 만드는 데 어떻게 적용하는 것이 바람직한가 하는 점이었다. 그는 이미 미국의 스탠퍼드에서 이룩한 각별한 사회 혁신들에 대해 상세히 알려 주었다. 그 혁신들도 역시 여러 사회복지 기관이나 사회적 기업가들과의 협력 또는 실태 조사 같은 것에 기초해 이뤄진 것이었다. 일례로 일종의 인큐베이터 시스템이 탄생했는데, 대단히 유연하고 가격도 저렴한 편이어서 가난한 제3세계의 각 나라에도 널리 시행할 수 있는 프로그램이었다. 이 인큐베이터는 비유하자면, 기존에 우리가 알고 있던 고도의 기술적인 것이 아니라, 대체로 엄마들이 아기를 안고 다니는 포대기 아니면 배낭 정도의 느낌을 갖는 것이다. 그럼에도 이 인큐베이터의 성능이나 효력 자체는 기존의 것에 뒤지지 않는다. 물론 비용도 기존 선진국 인큐베이터의 1퍼센트밖에 되지 않는다.

물론 이 인큐베이터 시스템은 '사회 혁신을 위한 디자인 사고'가 창출하는 수많은 산물 가운데 하나에 지나지 않는다. 디자인 사고(사회 혁신을 창출하기 위한 체계적 방법, 그러면서도 누구나 쉽게 배울 수 있는 방법이라는 의미에서)를 전면화하는 데 있어 첫 계기가 된 것은 일종의 오리엔테이션 강좌였다. 이 강좌는 원래 포츠담의 디자인 사고 학교에서 개최하기로 되어 있던 '비전 서밋 2011'이 열리기 하루 전날에 있었다. 이 강좌에 참여할 수 있는 사람은 최대 250명으로 제한되었다. 디자인 사고 과정을 실제로 해 보기 위한 특별한 시설의 수용 능력이 그 정도였기 때문이다. 그러나 이 강좌는 그 자체만으로도 당시까지 디자인 사고 방법론을 활용하여 시행된 혁신 워크숍 중 가장 큰 것이었다. 게다가 '비전 서밋 2011'이 본격 개최되기도 전에 벌써 사회 혁신이나 사회 혁신을 위한 디자인 사고 같은 화두가 많은 참여자의 마음을 사로잡았다. 스탠퍼드의 디자인 사고 학교 초창기이던 2011년 초에 벌써, 사회 혁신을 위한 디자인 사고라는 전공 분야가 생겨났다. 독일에서도 비슷한 시기에 이와 유사하게 다양한 시도들이 탄생했다.

이런 맥락에서 제너시스 연구소가 2011년 가을에 다른 기관들과 공동으로 특별한 프로그램을 개시했다. 기업들로 하여금 기존에 해 왔던 기업의 사회적 책임(CSR) 전략을 넘어 CSR 2.0 즉, 강력한 사회 혁신을 통해 자립 가능한 사회 혁신적 사업을 추진하도록 북돋는 것이었다. 이 프로그램에 동참한 기관은 포츠담의 디자인 사고 학교와 훔볼트-비아드리나 거버넌스 스쿨(Humboldt-Viadrina School of Governance)이었다. 물론 이 프로그램이 잘되려면 무수한 사회적 기업가와 긴밀히 협력해야 했다. 그러한 협력을 위한 팀에는 사회 혁신, 사회적 기업, 사회 혁신적 사업 분야 등 연관된 모든 분야에서 이미 잘 검증되고 대단히 혁신적인 사람들이 들어오는 것이 바람직했다. 그러다 보니 사회 혁신이나 사회 혁신적 사업을 널리 확장하고자 노력했던 사람들이 자연스럽게 유기적으로 결합했다. 당연히 사회 혁신적 사업 아이디어의 성공에 필요한 결정적 계기들이 더 넓은 범위에서 전달되고 학습도 가능해졌다. 케르스틴 훔베르크는 그라민과 다농 사이, 그리고 그라민과 베올리아 사이의 소셜 비즈니스 공동 사업에 대해 최초로 포괄적인 연구를 수행했다. 이 연구는 이 프로젝트들이 가진 수많은 긍정적 측면을 부각하기도 했지만, 그때까지 안착된 그라민 협동체들이나 그와 비슷한 시범 프로젝트들이 가진 약점을 솔직히 드러냄으로써 더 많은 혁신이 필요함을 강조했다. 디자인 사고는 바로 이런 식으로 허점을 많이 메울 수 있고, 수십만 개의 새로운 사회 혁신적 사업체를 위한 기반을 제공하게 된다.

사회 혁신 비전의 실현을 돕는 교육

아쇼카가 2003년부터 독일에서도 뭔가 새로운 일을 시도하면서 독일 대학가에서도 몇 년이 채 안 되어 사회적 기업가 정신에 관한 강좌들이 많이 생겨났다. 이런 강좌는 학생들에게 전폭적인 인기를 얻었다. 특히 슈테판 얀센(독일 프리드릭스하펜에 있는 체펠린 대학교의 총장)은 독일어권 나라에서 사회적 기업가라는 아이디어가 급속히 확산되는 데 큰 기여를 했다.

물론 소셜 비즈니스에 관한 무함마드 유누스의 추진력이 이러한 과정을 더욱 촉진했다. 마침내 독일에서도 소셜 비즈니스만을 위한 강좌가 최초로 개설되었다. 그 강좌는 무함마드 유누스의 총괄 아래 독일 비스바덴에 있는 유럽 비즈니스 스쿨 내에 다농 재단 강좌라는 이름을 달고 개설되었다. 안드레아스 하이네케 선생이 그 강좌의 명예교수로 임용되었는데, 그는 독일 최초의 아쇼카 펠로우(장학생)였다.

2009년에는 최초로 사회 혁신을 위한 역량 강화 센터가 유럽 비즈니스 스쿨에 설립되었다. 센터 장은 페터 루소가 맡았다. 이 기관은 월드비전 연구소의 주도로, 그리고 그와 협력한 덕에 탄생할 수 있었다. 월드 비전 연구소는 이를 통해 기존의 비정부기구들 중에서 선구적 역할을 수행하게 되었다. 또한 비정부기구들을 더욱 혁신 마인드로 무장해 발전하도록 만드는 막중한 책임을 부여받았다.

이렇게 매우 가치 있고 미래지향적인 변화들 중에서도 유독 눈에 띄는 시도가 하나 있다. 홈볼트-비아드리나 거버넌스 스쿨이 약 7년 동안 관료주의와 줄다리기를 한 끝에 2009년 들어 아주 독특한 석사 과정을 개설한 것이다. 대학을 졸업했거나 최소한 2년 정도의 직업적 경험을 보유한 자라면 누구든지 여기서 2년제 석사 과정 공부를 계속할 수 있고 나중에 곧장 취업으로도 연결되는 프로그램이다. 이것은 다음과 같은 비전을 가진 사람들에게는 꿈과 같은 일이었지만 어렵지 않게 실현되었다. 즉, 더 나은 세상을 만들려는 자신의 비전에 대해 더 구체적으로 연구하고 싶은 이, 또는 더 나은 세상을 만드는 데 개인적 공헌을 더 많이 하고 싶은 이가 바로 그런 사람들이다. 이들은 공부하는 동안 또는 늦어도 공부가 끝난 뒤에 자신의 비전을 현실로 만들려는 사람들이기도 하다. 사실, 개인적인 비전을 실제 현실로 만드는 것이 공공정책학 석사라는 공인된 자격 취득과 함께 가능해진 것은 독일 교육 시스템에서는 전례 없는 일이다. 이 석사 과정은 사회 혁신이나 사회적 기업(가), 사회 혁신적 사업 등과 같은 야심에 찬 계획과 연결되도록 설계되었다. 훔볼트-비아드리나 거버넌스 스쿨은 두 사람, 즉 슈테판 브라이덴바흐와 게지네 슈반이 주도면밀하게 추진하고 운영한다.

이 석사 과정의 내용에는 이론적인 부분과 더불어 비전의 성공적 실현을 위한 실질적 역량 강화에 도움이 되는 다양한 프로그램, 그리고 완전히 개별적인 개인 프로젝트 등이 포함된다. 앞의 두 부분은 일종의 수공업적 기술을 전달하는 것이다. 이 기술은 대단히 특별한 프로젝트를 추진하려는 이들에게 꼭 필요한 것이다. 반면, 뒷부분인 개별적 실행 프로젝트를 위해 대학에서는 개인별 멘토를 붙여 주기도 하고 다른 사회 혁신가들과 함께 창조적인 교류를 할 수 있도록 주선하기도 한다. 나아가 이 교육과정은 졸업생들로 하여금 기업, 정책, 행정, 시민단체 등에서의 혁신 관련 리더십을 키우도록 도와준다.

이렇게 함으로써 학생들은 (그들이 직업이 있건 없건, 아니면 직원이건 자영업자건 관계없이) 경제, 정치, 시민사회가 얼마나 지혜롭게 협동할 수 있는지를 배운다. 홈볼트-비아드리나 거버넌스 스쿨은 이런 면에서 특히 다음과 같은 기업에게 매우 이상적인 기관이 되었다. 사회 혁신의 세계로 실제 진입을 시도하려는 기업, 또는 지금까지의 일회성이 강한 기업의 사회적 책임을 자립 가능한 사회 혁신적 사업(CSR 2.0)으로 발전시키고 싶은 기업, 그리고 잠재력이 큰 사회 혁신의 돌파구를 전 사회로 확장하기 위해 법률 개정 추진 위원회 같은 것을 만들려는 기업이다. 이런 경우 기업들은 직원 한 명이라도 홈볼트-비아드리나 거버넌스 스쿨에 보내 관련 내용을 제대로 배우게 한 뒤 현장에서 실제 프로젝트를 실행해 보도록 할 수 있다.

홈볼트-비아드리나 거버넌스 스쿨은 석사 과정 외에도 연구 프로젝트나 인큐베이션 프로젝트, 그리고 평생 교육 프로그램을 운용한다. 그래서 첫 번째 석사 과정이 개설되기 전 단계에서 이미 중요한 사회 혁신 하나가 탄생했는데, 바로 기부 플랫폼인 베터플레이스(betterplace.org)이다. 이 기부 플랫폼을 통해 수천 가지 프로젝트가 재정 지원을 받는다. 그것도 모든 프로젝트에 100퍼센트 직접 지원하는 방식이다. 홈볼트-비아드리나 거버넌스 스쿨은 이렇게 해서 독일에서는 최초로 '블루 이코노미'를 위한 지도자들을 체계적으로 길러 내게 되었다. 특히 2011년 이른 여름에는 교육 혁신 실험실을 열었는데, 이에 대해서는 4장에서 자세히 살펴볼 것이다.

사회 혁신 사례를 모은 데이터뱅크

아쇼카 재단은 사회 혁신가나 사회적 기업가를 발굴하는 데 선구적인 역할을 해 왔다. 아쇼카가 발굴한 약 3천 명의 사회적 기업가들은 글자 그대로 '사회 혁신을 위한 사회적 차원의 연구 및 개발 부서'라고 할 수 있다. 아쇼카가 제시한 것 외에도 사회 혁신과 관련해 흥미로운 사례가 많이 있다. 그중 하나는 블루 이코노미에 관한 홈페이지이다. 이 홈페이지(blueeconomy.de)에 들어가 보면 기본적으로 제시된 100가지 혁신 사례 외에도 많은 사례가 있다. 이런 사례는 거의 예외 없이 생태적, 사회적, 경제적 변화를 동시에 추구한다. 이러한 혁신들은 군터 파울리에 의하면 향후 10년 동안 1억 개 정도의 새로운 일자리를 만들어낼 전망이다. 이 혁신 사례에 관한 자료들은 저작권료 없이 무료로 다운로드를 할 수 있다.

인도의 경제학자인 아닐 굽타는 사회 혁신의 측면에서 보석처럼 소중한 자료를 제공하고 있다. 그는 인도의 가난한 지역에서 활동한 혁신가들과 그 혁신 내용을 차분히 조사했다. 그의 기본적인 생각은, 인류가 살아온 과정에서 거듭 확인된 '필요는 발명의 어머니'라는 아이디어에 기초해 있었다. 왜냐하면 세상이 선진국에서 일어난 혁신들에만 관심을 기울일 경우 혁신의 다른 세계는 우리에게 잘 보이지 않기 때문이다. 그래서 굽타는 지금까지 인도의 작은 마을들에서 일어난 7만 5천여 가지의 사회적, 생태적 혁신 사례를 차곡차곡 수집했다. 이를 바탕으로 그는 상당히 많은 사례가 인류 전체를 위해서도 대단히 소중한 가치를 지닌다고 주장했다. 특히 인도와 비슷한 사회경제적 상황에서 살고 있는 사람들에게는 시사점이 더욱 크다고 보았다. 그가 참여하는 조직인 스리스티(SRISTI)는 가난한 나라들에서 이뤄지는 사회 혁신을 위한, 일종의 세계 특허청이다. 세계의 가난한 지역은 어쩌면 글로벌 시대의 커다란 오점이라 할 수 있는데, 이 지역에서 일어나는 혁신들의 가치는 이루 헤아리기 어렵다. 나는 이러한 사실을 콜롬비아의 대안 교육 시스템인 푼다엑(FUNDAEC)을 통해 제대로 인식한 바 있다. 불행히도 내가 물어보았던 전문가들은 모두 그에 관해 전혀 아는 바가 없었다. 그러면서 그들은 지금껏 그런 식의 혁신적인 교육 시스템은 듣지도 보지도 못했노라고 말했다.

사회 혁신의 또 다른 데이터뱅크는 독일 하노버에서 열린 세계 박람회에서 탄생했다. 하노버의 '엑스포 2000' 추진 위원회는 국제 심판관에게 1992년의 리우 환경 회의에서 나온 '아젠다 21'과 같은 지속 가능성의 기준에 걸맞은 모범적인 혁신 사례를 발굴하도록 요청했다. 그리하여 모두 767개의 프로젝트가 '엑스포 2000 세계 차원의 프로젝트'라는 프로그램을 위해 선발되었다. 이에 관해서는 페터 펠릭스베르거가 상세하고 포괄적인 기록을 남긴 바 있다. 나는 이렇게 소중하게 모은 혁신 사례들을 '미래 혁신의 영원한 박물관'을 위한 기초료 삼자고 제안했는데, 유감스럽게도 독일 연방 정부는 이를 받아들이지 않았다. 물론 아직도 늦지는 않았다. 그리고 실제로 준비 중인 곳도 있다. 일례로 훔볼트-비아드리나 거버넌스 스쿨 중심으로 비슷한 프로젝트, 즉 생태적이면서도 사회적으로 지속 가능성을 담보하는 사업 모델에 관한 자료를 무료로 제공받을 수 있는 플랫폼 같은 것이 준비되고 있다.

그라민 창의성 실험실

그라민 사업 집단과 함께 사회 혁신을 널리 확산하는 데 중요한 역할을 한 또 하나의 주체는 무함마드 유누스와 한스 라이츠가 함께 정착시킨 그라민 창의성 실험실이다. 이곳은 독일 비스바덴에 있다. 그라민 창의성 실험실은 그라민과 서양 기업들 사이의 공동 사회사업(소셜 비즈니스 조인트 벤처)을 여러 건 성사시켰다. 일례로, 그라민은 독일 화학 회사인 바스프(BASF)와 함께 사회사업을 시작하여 여러 겹의 모기 방충망을 보급했고, 다양한 보조영양제를 만들어 방글라데시의 빈민들에게 공급했다. 오토 그룹과는 방글라데시에서 지속 가능한 섬유의 생산 기지를 모범적으로 만들었으며, 아디다스와는 단 1유로밖에 되지 않는 신발을 만들어 공급했다. 이 신발은 가장 가난한 나라의 빈민들도 쉽게 구입하여 수많은 질병에 노출되지 않도록 고안된 것이다. 여러 질병들이 대개 발에 상처가 난 뒤 다른 신체 부위까지 영향을 주는 형태로 진행되기 때문이다.

그라민 창의성 실험실은 이런 식으로 세계적인 기업들과 협동하는 것 외에도 다양한 풀뿌리 조직과 함께 사회사업을 시작하기도 했다. 또 다른 중요한 영역은 대학과의 협력이었는데 베를린 자유대학과 긴밀한 협동을 하게 된 것이 대표적 사례이다. 현재 그라민 창의성 실험실이 일본 규슈 대학교나 싱가포르 국립대학교에도 설치되어 사회사업을 학문적 차원에서 통합적으로 연구하고 있다.

그라민 창의성 실험실은 사회사업을 위한 7가지 원칙 위에서 일한다. 이 원칙은 유누스가 2007년에 공식적으로 내세운 것이다. 사회사업을 위한 기업은 오로지 사회 문제 해결을 위해서만 설립한다는 원칙, 생태적인 지속 가능성을 일관되게 견지한다는 원칙, 수익성 있게 효율적으로 일한다는 원칙, 직원들도 적절히 대우한다는 원칙, 동시에 모든 수익은 사회적 기업의 목적에 걸맞게 재투자한다는 원칙, 따라서 투자자들에게는 배당금을 지불하지 않는다는 원칙, 그리고 사람들이 맡은 일을 즐겁게 할 수 있도록 한다는 원칙 등이다.

사회 혁신 아이디어를 실행에 옮기는 '학습 공동체'들

전 세계에서 사회 혁신적 사업과 관련된 새로운 개념이 끊임없이 등장하고 있다. 마이클 포터의 '공유 가치'도 그러한 개념에서 출발한 것이다. 또한 사회 혁신적 사업과 연관된 아이디어를 실행에 옮기기 위해 갈수록 많은 조직이 나오고 있다. 독일어권에서 그러한 '학습 공동체'를 전반적으로 개관하려면 테라 네트워크의 홈페이지(terranetwork.org)가 큰 도움이 될 것이다. 여기서는 이 네트워크 중에서 특별한 의미가 있는 두 가지만 간략히 소개한다.

글로벌 기업가

원래 제너시스 연구소는 사회 혁신적 사업들의 강력한 네트워크를 구축하기 위해 탄생했다. 그리하여 2010년에 '글로벌 기업가', 즉 '책임 있는 혁신가들의 네트워크'를 출범시켰다.

글로벌 기업가란 글로벌 차원에서 책임감 있게 행동하면서, 사회적인 문제나 생태적인 문제를 기업적인 수단으로 풀려고 하는 사람들이다. 이들은 재정적인 기여나 주체적인 참여를 통해 사회 혁신 또는 사회 혁신적 사업을 위한 인프라를 구축한다. 이를테면 앞서 나온 교육 혁신 실험실 또는 새롭게 부상하던 통합적 인터넷 플랫폼 같은 것이다. 후자의 경우 기업의 사회적 책임이나 시민사회적인 참여, 그리고 사회 혁신적 사업에 이르기까지 모든 스펙트럼을 포괄할 정도로 범위가 넓다. 이러한 인프라들은 유망한 사회적 기업가들을 지원하는데, 특히 혁신적 아이디어를 현실로 구축하는 과정과 마침내 자립적인 사회사업으로 성장하도록 만드는 과정을 집중 지원한다. 나아가 이들은 상호 학습을 할 뿐 아니라 이미 성공한, 경험 많은 선구자들로부터 많은 것을 배운다. 이를테면 사회 혁신적 사업을 성공적으로 이끄는 방법이나 기존의 기업 경영 방식을 전통적인 사회적 책임(CSR) 차원을 넘어 보다 수준 높은 형태, 즉 자립 가능하고 지속 가능한 사회 혁신적 사업 방식(CSR 2.0)으로 변화시키는 방법 같은 것을 실감 나게 배운다.

이러한 학습 과정은 경영자들뿐 아니라 구성원들에게도 해당된다. 상하 막론하고 모두 주인의식을 갖고 혁신의 경험적 사례를 학습하는 셈이다. 나아가 조직원이 아닌 일반 개인들도 이 과정에 참여할 수 있다. '임팩트 에인절(Impact Angel, 혁신을 위한 천사)'이라 불리는 이 사람들은 사회적 기업가나 사회 혁신을 촉진하기도 하고, 광범위한 사회 혁신적 문화를 위한 인프라를 구축하거나 실행하는 데 적극 참여하기도 한다.

이렇게 '글로벌 기업가'는 대단히 적극적이고 헌신적인 기업 경영가나 그 관련자들이 모인 핵심 집단이다. 여기서 '경영(Unternehmen)'은 글자 그대로 새로운 시도라는 뜻과 효율적 운영이라는 뜻을 동시에 지닌다. 이 핵심 집단은 계속 유기적으로 발전해 간다. 사회 혁신이나 사회 혁신적 사업 영역에 새롭게 참여하려 한다면 바로 이 '글로벌 기업가' 네트워크의 일원이 되면 만사형통이다.

경제 원로 회의

'글로벌 기업가'들은 전략적인 문제들을 결정하기 위해 경제 원로 회의와 긴밀히 협력한다. 그리하여 경제 원로들로부터 이 책에 서술된 아이디어나 목표들을 구현하기 위한 정치적 조언을 포괄적으로 듣는다. 이 경제 원로 회의는 2009년에 디터 해르테가 창립했다. 디터 해르테는 몇몇 경제 연맹체를 설립한 바 있는데, 최근 갈수록 기존의 로비 활동 방식은 오늘날의 상황에 결코 부합하지 못한다는 확신을 갖게 되었다. 고전적인 로비란 결국 일부 기업이나 업종의 특수한 이해관계만 대변할 뿐이다. 그가 경제 원로 회의를 만든 까닭은 경제계의 지도급 인사들을 한데 모아, 전 사회의 공공선을 위한 정치적 조언을 하도록 하기 위해서였다. 그래서 그는 고대 그리스 같은 나라의 원로원에서 유능하고 실무 경험이 많은 인사들이 모여 공익의 관점에서 정치적 결정을 하는 자들에게 전문적인 조언을 해 주던 방식에 주목했다.

오늘날의 현실에 맞게 고대의 원로원을 비중 있는 사회적 기구로 다시 만들려는 이 시도는 경제계는 물론 정치계에서도 좋은 반향을 불러일으켰다. 지금까지 대부분의 정치가들은 경제계의 지도급 인사들을 로비스트로만 알아 왔다. 그들은 기껏해야 자기 기업의 이익을 위한 요구만 잔뜩 하고 다녔다. 결코 사회 혁신을 지지하거나 사회 전체의 발전을 위해 헌신하는 사람들이 아니었던 셈이다. 그러나 이제는 달라졌다. 기업가나 경영 책임자들은 이제 사회 정책적인 차원에서 공동 논의를 하고 공동 결정을 하는 것이 대단히 중요한 가치를 지니며 매력적인 과업임을 깨닫게 되었다. 물론 그 과정에서 반드시 정당 정책, 즉 정당 노선에 얽매일 필요는 없다.

경제 원로 회의는 여야를 가리지 않고 모든 정당의 정치가들에게 각종 현안에 대한 종합적 문제 해결 능력을 고양하고자 한다. 일례로 독일 연방 총리는 원로 회의에 이런 질문을 던졌다. "슈투트가르트 21과 같은 대단위 프로젝트에 시민들이 계획 단계에서부터 적극 참여하겠다고 요구하는데, 이런 경우 어떻게 해야 시간과 비용을 절약하면서 그 요구를 반영해 원만히 진행할 수 있겠습니까?" 사실, 오늘날과 같이 급속히 변하는 환경에서는 모든 계획이나 실행 단계가 신속히 이뤄져야 할 필요가 있다. 이와 연관된 가장 대표적인 사례로, 독일 정부가 연차적으로 핵 발전을 완전 중단하겠다는 결정을 내린 뒤에 재생 가능 에너지 체제를 신속히 구축하는 일을 들 수 있다.

경제 원로 회의는 자체적인 추진 단위들도 갖고 있다. 이 단위들은 생태적으로 지속 가능한 사회적 시장 경제를 슬기로운 방식으로 가속화하는 것을 지향한다. 바로 이런 면에서도 경제 원로 회의는 기존의 전통적인 경제인 연합체나 상공회의소 같은 조직과 근본적으로 다르다. 왜냐하면 전통적 조직체들은 설령 사회적이고 생태적인 문제에 직면하더라도 비전 있는 해결책을 제시하기보다 어떻게 하면 정치가들에게 로비를 잘할 것인가 하는 고민을 논의의 중심에 두었기 때문이다.

대표적 사례가 경제 원로 회의가 만든 '숲-기후 위원회'이다. 이 위원회는 2011년 9월 초에 연방 환경부 장관 노르베르트 뢰트겐의 협력하에 만들어졌는데, 유엔 사무총장의 총괄 아래 25개국 환경장관회의의 결과 일정한 위기의식을 공유한 가운데 탄생했다. 이러한 추진체가 만들어진 바탕은 경제 원로 회의의 의장 프란츠 요제프 라더마허의 연구였다. 그 연구의 핵심은 지구 온도가 자꾸 올라가는데, 만약 이를 완화해 평균 잡아 최고 2도만 올라가게 하려면 지구 전체적으로 나무를 언제, 얼마나 더 심어야 하는가 하는 문제였다. 지구 온난화에 기여하는 최근의 가스 배출량을 보면 지구의 미래는 결코 낙관적이지 않다. 그래서 인류는 기후 보존을 위한 포괄적이고 범지구적이며 실효성이 높은 대책을 대단히 의욕적으로 추진해야 한다. 바로 이런 맥락에서 숲-기후 위원회가 출범했다. 숲의 면적이 더 빨리, 더 많이 늘어난다면 이산화탄소의 배출량도 그만큼 줄어들 것이며, 또한 그만큼 시간을 벌어 현존 경제를 장기적으로 지속 가능한 방향으로 전환하는 데 유리할 것이다. 오늘날 우리가 직면한 현실이 얼마나 심각한지는 간략한 수치 하나만 보아도 명약관화하다. 지금처럼 이산화탄소 등 온실가스가 아무런 제약 없이 계속 배출된다면 아마 지구 전체의 온도는 2도 정도가 아니라 5도 내외로 올라갈 것이 확실하다. 그렇게 되면 지구에서 인류는 생존 자체가 불가능해진다. 그래서 숲-기후 위원회는 세계의 기업들로 하여금 향후 수년간 글로벌 기금을 조성하여 20년 동안 지구 전체적으로 1억 5천만 헥타르 정도의 숲을 추가로 조성할 것을 제안했다.

그런데 왜 하필 경제계의 선구적 조직이 범지구적 환경 대책에 앞장서야 할까? 많은 기업은 앞으로 생태적인 방향 전환을 하지 않으면 세계 시장에서 생존마저 불가할 것이라는 인식을 하고 있다. 그들은 방향을 전환해야만 비로소 새로운 기회도 창출될 것이라는 점 또한 잘 알고 있다. 여기서도 모든 경제 활동에 통용되는 '선두 주자 원칙'이 적용된다. 바로 다른 기업들보다 먼저 움직이는 기업이 유리하다는 점이다. 경제 원로 회의는 바로 이 점을 잘 알고 회원 기업들에게 동참을 촉구하고 있다. 이 회의는 자체적으로 범지구적 기금을 조성하여 경제적, 생태적, 사회적 차원에서 실효성 있게 쓰도록 하고 있다.

이와 비슷하게 경제 원로 회의는 '글로벌 기업가'와 함께 나름의 전략을 개발하고자 한다. 그 전략은 사회 혁신이나 사회 혁신적 사업을 촉진하기 위한 비전에 공감하도록 정치가들을 설득하는 것이다.

이러한 협력의 표현으로서, 그리고 그 국제적인 플랫폼으로서 이 두 조직은 2007년에 설립된 '글로벌 경제 네트워크'를 일종의 총괄 조직으로 변모시키고 있다. 그리하여 생태적, 사회적, 경제적 목표를 삼위일체의 조화로운 방식으로 달성할 수 있게 하고자 한다. 당연히 그 기초는 범지구적 책임성을 가진 윤리, 그리고 사회 혁신이나 사회 혁신적 사업과 같은 새롭고도 지혜로운 시도를 하는 것이다.

마라케시 클럽과 아부리 클럽

갈수록 많은 조직이 이런 식의 새로운 사고에 기초하여 활동하거나 새 아이디어 세계를 구현하기 위해 생겨난다. 베른트 콜프는 이런 새로운 사고가 로마 클럽에 가까운 선구적 클럽의 성격을 띠게 되는 시점이 왔다고 본다. 그가 만든 '마라케시 클럽'은 그런 역할을 하기 위한 구체적 실천이다. 그는 자신의 생각에 동조하는 30명 정도의 선구자들을 이미 확보했다. 마라케시 클럽의 목적은 이 작은 힘을 기초로 앞으로 생태적, 사회적 문제들을 해결하기 위한 경영 경제적 해법들을 찾는 것이다. 다시 말해서 일부의 선구적 업적을 넘어 모범적인 기업의 모습을 더 폭넓게 추구하는 것이다.

사람들은 이런 구상의 최초 사례를 스스로 만들어 보려 했다. 안드레아 콜프가 마르케 아부리와 함께 만든 완전히 새로운 개념의 기업이 바로 그것이다. 그렇게 해서 나온 첫 제품이 바로 페어리 가방(fairybags)이다. 이 가방은 모로코에서 오래전부터 만들어지던 베르베르 족(북아프리카 나일 강 주변에 사는 종족)의 가방이었는데, 서양의 마케팅 지식에 근거해 문화적 가치가 부각된 덕분에 선진국 시장에 성공적으로 출시되었다. 이런 식으로 고대의 수준 높은 문화가 가진 가치를 새롭게 복원하게 되었을 뿐 아니라 경제적 관점에서도 적절한 가치를 창조할 수 있게 되었다.

안드레아 콜프는 처음에 베르베르 족의 멋진 가죽 가방이 쓰레기 더미 속으로 들어가는 것을 도무지 견딜 수 없었다. 마라케시 남쪽의 산악 지대에 살던 베르베르 족은 근대화 과정이 시작되면서 전통적인 가방이 별 가치가 없다고 생각했다. 근대화가 시작되면서 그들은 전통문화 대신 서양 사람들이 관광 중에 들고 다니는 비닐봉지나 싸구려 제품 같은 것을 가치 있다고 여기게 되었다. 그들도 관광객들이 들고 다니는 물건을 들고 다니고 싶어진 것이다. 안드레아 콜프는 베르베르 족에게 값진 베르베르 가죽 가방을 모으고 잘 다듬어 서양 선진국 시장에 출시하자고 설득하기 시작했다. 단순히 돈을 벌기 위한 것만은 아니었다. 베르베르 족에게 새로운 가치 창출의 길을 열 것이라는 점이 더 중요했다. 그리하여 베르베르 가방에 대한 수요가 더 생기고 일정한 수익이 생기면 베르베르 족은 이 가방을 다시 만들기 시작할 것이고 온 사회에 다시금 활력이 넘칠 것으로 기대되었다. 이 예상은 그대로 들어맞았다. 유럽 시장에 진출한 고급 페어리 가방은 실제로 진가를 발휘했다. 이 가방은 제대로 된 가죽 재료로 만들어졌을 뿐 아니라 특별한 예술적 가치도 지닌 실용품이었다.

페어리 가방 외에도 아부리는 다양한 제품을 시장에 내놓으려 했다. 그것은 역사 전개 과정에서 잃어버린 높은 수준의 전통문화를 오늘날의 시각으로 적극 복원하면서 경제성과 실용성을 동시에 추구하려는 시도였다. 그리하여 원주민들의 입장에서 새로운 가치 창출의 길을 열 수 있는 획기적인 발상이었다. 이러한 시도는 서양 선진국의 입장에서도 뭔가 잃어버렸던 것을 새롭게 복원할 수 있는 계기가 되었다. 그것은 곧 진정으로 참된 것에 대한 열망, 정말 깊은 의미에서 오래도록 만족할 수 있는 것에 대한 열망이었다.

아부리는 이러한 구상을 실현하기 위해 비비 러셀과 긴밀히 협력했다. 러셀은 이른바 제3세계 출신으로는 최초의 톱 모델이었다. 그녀는 협력 관계를 통해 자신의 명성이나 인간적 관계망을 십분 활용하여, 고국인 방글라데시나 인도에서 수만 명의 여성들에게 일자리를 만들어 주고자 노력했다. 오래된 고급 방직 예술을 적절한 가치 창조의 형태로 새롭게 살리려는 이 시도는 지난 20년간 많은 성공을 거두었다. 물론 현대 섬유 산업으로부터 엄청난 역공을 받기도 했다. 현대 섬유업계는 방글라데시나 인도에서 전통적 매듭 공예에 종사하는 여성 노동자들을 착취적인 노동관계(저임금의 공장 노동) 속에 편입시키고 싶어 했기 때문이다. 아부리와 비비의 협력은 이런 점에서 최선의 돌파구를 여는 길이었다.

사회적 기업가들을 지원하기 위해
구축된 인프라

사회 혁신의 문화가 폭넓게 그리고 빠르게 확산되려면 반드시 일정한 인프라가 구축되어야 한다. 이러한 인프라는 사회 혁신가들이나 사회적 기업가들이 야심적인 비전을 구현할 수 있도록 잘 지원하는 것이어야 한다.

다행스럽게도 이런 점에서 대단히 유용한 움직임이 경제계의 한쪽에서 등장했다. 일부 성공적인 기업가들과 최고 경영자들이 기존의 편협한 경제 논리(무한한 돈벌이 및 맹목적 성장 논리)에 만족하지 못하고 새로운 길을 찾아 나선 것이다. 그래야만 자신들뿐만 아니라 탁월한 성과를 내는 기업 구성원들도 지속적으로 만족을 느낄 수 있기 때문이다. 바로 이런 사람들 중 많은 이가 사회 혁신이나 사회 혁신적 사업에 참여하는 가운데 새로운 길을 찾을 수 있음을 알게 되었다. 그래서 일부는 사회 혁신적 사업체를 새로 설립하기도 했고, 적지 않은 사람들이 생태-사회적 과제 해결에 앞장서는 사람들에게 인프라 서비스를 제공하기 위해 자발적으로 참여하기도 한다. 이러한 인프라 중에서 가장 중요한 두 영역은 재원 조달과 커뮤니케이션인데, 이에 대해 자세히 살펴보자.

사회적 기업의 재정을 지원하는 단체들

사회 혁신의 세계에서 유난히 혁신적이고 잠재력이 높은 사회적 기업가들을 도와주는 첫 번째 비결은, 단도직입적으로 말하면, 돈 걱정을 안 하게 하는 것이다. 아쇼카 펠로우(장학생)가 되면 이들은 3년 동안 장학금을 받는다. 생활비 걱정은 하지 않게 되는 셈이다. 그러면서 아쇼카가 구축한 전문가 네트워크의 조언까지 받으면서 자신의 사회 혁신 구상을 돈 걱정 없이 지속적으로 구현할 수 있다. 이렇게 해서 아쇼카는 세계적 차원의 사회적 기업가 운동이 이루어지는 기초를 다졌고, 갈수록 많은 후원자가 보람을 느끼게 되었다.

같은 길을 가고 있는 또 다른 기업으로 본벤처(BonVenture), 즉 독일 뮌헨의 소셜 벤처캐피털 기업이 있다. 이 기업은 몇몇 자산가들에 의해 자본이 탄탄하게 구축되었으며, 그 자금으로 사회적 기업가들이 건실하게 성장하도록 재정을 지원한다. 물론 이러한 지원에는 조건이 있다. 사회적 기업가가 사회사업 모델을 구현하는 데 필요한 자금 가운데 조금만 지원하면 금세 자립 가능한 상황으로 개선될 수 있는 정도여야 한다는 것이다. 따라서 본벤처 기업은 모든 사회적 기업가를 위한 것은 아니다. 사회적 기업가 중에서도 극히 일부 집단에만 해당되기 때문이다. 동일한 논리가 소셜 벤처펀드에도 해당된다. 이 펀드는 2010년에 젊은 정보기술 기업가 요하네스 베버가 경험 많은 기업가 모니카 로엘, 실비에 무철러와 함께 만들었다. 이들도 사회적 기업이 건실한 성장을 할 수 있게 자금을 지원하는 데 초점을 두지만, 이들은 이미 자립 가능한 사회적 기업을 중점 지원한다.

사회적 기업가를 위한 이러한 모델 외에도 여러 가지 구상이 개발되어 나왔다. 경제 감독관인 앙드레 르 프린스는 협동조합 방식에 기초한 사회사업 펀드를 만들었다. 협동조합 방식으로 하니 수많은 사람이 참여할 수 있었다. 이런 종류의 자금 지원 모델 중 최초의 것은 막시밀리안 게게가 추진한 바움(B.A.U.M.)-미래 펀드인데, 이것은 아프리카의 소셜 비즈니스(사회사업) 펀드이다. 이 펀드는 특별히 서부 아프리카의 소액 대출 은행인 코페메(Kopeme)가 확대될 수 있도록 자금을 지원한다. 그리고 바이털 빌리지 펀드(Vital Village Fund)는 라틴아메리카 지역에서 사회 혁신적 기업 프로젝트들을 위해 자금을 지원해 준다. 미하엘 호르바흐, 안드레아스 코르트가 공동 추진한 굿 그로스 펀드(Good Growth Fund)는 윤리적인 자금 투자의 맥락에서 또 다른 길을 가고 있다. 이 펀드는 배당금을 늘리기보다 위험을 최소화하면서 안정된 자금 투자를 원하는 시민들에게 사회 혁신적 사업에 공동 참여하는 길을 열어 준다. 설립 이후 2011년 가을까지 굿 그로스 펀드 내의 소액 대출 자금은 벌써 25퍼센트가 늘었다.

또 다른 모델로는 각종 재단이 후원하는 프로그램들이 있다. 오늘날 독일의 재단들은 갈수록 사회적 기업가들을 지원하는 쪽으로 방향 전환을 많이 하고 있다. 비근한 예로 BMW(바이에른 주에 있는 자동차 회사)나 보더폰(Vodafone, 원래 영국계 이동통신업체) 그룹, 독일 텔레콤, 지멘스의 자체 재단들, 나아가 유통업체인 알디(Aldi)가 세운 재단인 아우리디스를 들 수 있다. 이 재단들은 아직 자립하지 못한 사회적 기업이나 자립이 어려운 사회적 기업에게 자금을 지원한다. 보조금 차원의 지원금을 주는 셈이다.

그 외에도 여러 재단은 연방 정부가 2011년 가을에 사회적 기업가들을 위한 기금을 3천만 유로 정도 마련할 때 적극 참여했다. 이렇게 해서 연방 정부는 기존의 사회경제적 지원 전략을 개선하게 되었다. 사회 혁신이나 사회적 기업가라는 새로운 시도들을 적극 촉진하는 전략을 구사하게 된 셈이다.

이런 자금은 무엇보다도 이른바 사회적 엔지니어링 서비스를 촉진한다. 이것은 노르베르트 쿤츠가 자신의 사회적 기업인 아이큐 컨설트(iq-consult)를 통해 하고 있는 서비스와 같다. 다양한 국가적 장려 기금의 조성과 지속 가능한 사업 모델의 개발을 지원하는 것이다. 쿤츠가 말하는 사회적 엔지니어링 지원이라는 개념에는 공동 사무실 구축도 포함되는데, 지역 차원에서 사회적 기업가들이 일을 잘할 수 있도록 인프라를 구축하는 것이다. 이 공동 사무실은 일종의 소셜 임팩트(사회 혁신적) 허브이다. 바로 이런 공간에서 그들은 사회 혁신 구상을 혼자가 아니라 일종의 네트워크 속에서 다른 사회적 기업가들과 함께 추진한다. 이런 허브들을 통해 그들은 비전의 지속적 발전을 위한 교육을 받는 것은 물론 다양한 아이디어를 교환하게 된다.

'투자자 클럽'은 사회적 기업가를 재정적으로 지원하는 또 다른 시도이다. 이 클럽은 투자자들이 공동으로 지원할 필요가 있는 좋은 프로젝트를 탐색하기 위해 탄생했다. 일례로, 마리안네 오버뮐러는 자신이 만든 어스라이즈-소사이어티(Earthrise-Society)를 통해 투자자 클럽을 하나 만들었다. 구체적으로 지원이 어떻게 이뤄질지에 대해서는 모든 것이 열려 있다. 그 스펙트럼은 실로 넓어서 기부금의 형태부터 대출금이나 투자 자금의 형태 등 여러 모습을 띤다. 이와 비슷한 것으로 이른바 벤처 박애주의 조직이 있다. 이 조직은 원래의 박애주의 정신을 한 걸음 더 발전시켜, 박애주의적 프로젝트와 기업 경영적 마인드를 결합한 것이다.

이와 유사한 또 다른 시도로, 자금 지원에 적합한 프로젝트를 찾는 데 있어 사회적 투자자를 간접 지원하는 기관들이 나타났다. 이런 맥락에서 독일에서 생긴 최초의 기관은 피네오(Phineo)이다. 이 기관은 원래 베르텔스만 재단이 만들었는데, 오늘날 이름 있는 독일 기업들로부터 많은 지원을 받고 있다. 피네오는 사회적 조직들에 대한 평가 기관으로 사회적 기업가들만이 아니라 비정부기구들을 위해서도 평가 결과를 제공한다. 이러한 평가에는 자금이 얼마나 책임감 있게 쓰이고 있는지, 그리고 경영에서 얼마나 효과적으로 쓰이고 있는지가 중요한 기준이 되고 있다.

커뮤니케이션 영역에서의 움직임

'비전 서밋 2008'은 독일어권의 소셜 비즈니스들이 활성화할 수 있도록 온 사회에 큰 반향을 불러일으켰다. 이때 평소 기업의 사회적 책임이나 지속 가능한 발전, 책임 있는 세계화에 남다른 관심을 가졌던 미디어들은 즉각 반응했다. 그들은 소셜 비즈니스(사회사업)를 새롭게 주목하기 시작했다. 글로컬리스트(Glocalist), 체인지엑스(ChangeX), 지속 가능 경제를 위한 포럼, 각종 재단이 발간하는 잡지 등은 정기적으로 사회 혁신이나 사회적 기업가, 사회 혁신적 사업 등에 대해 보도하기 시작했다. 특히 프리츠 리치의 적극적인 참여가 돋보였다. 그는 기업의 사회적 책임과 관련한 잡지인《지속 가능 경제를 위한 포럼》을 발간하고 있었다.

이와 동시에 유난히 야심에 찬 사람들이 토마스 프리멜을 중심으로 모이기 시작했다. 이들은 새로운 잡지인《이놈(enorm)》을 만들었는데, 구호로 내세운 '인간을 위한 경제'를 이 잡지의 부제목으로 달았다. 이 팀은, 사회사업에서 출발하여 완전히 새로운 사회운동을 추동하는 힘은 최고의 저널리스트 및 최고의 그래픽 수준을 확보할 수 있느냐에 달려 있다는 점을 확신했다. 이들은 성공한 독일 기업가인 다비드 디알로와 함께 용감한 초기 투자자들을 찾아 나섰다.《이놈》의 첫 호는 2010년 봄에 나왔는데 초판 발행 부수가 8만 부나 되었다. 처음에는 3개월 단위로, 나중에는 2개월 단위로 발간하게 되었다.《이놈》은 초판이 발행되자마자 많은 상을 받았고, 야심 차게 새로 선보인 고품격 잡지《브

랜드아인스(BrandEins)》의 톱 저널 이미지와 비교되곤 했다.《이놈》은 시작한 지 1년 반 만에 많은 투자자가 몰려들어 더욱 자주 발간하게 되었다.

그러나 광범위한 미디어 전략의 관점에서 볼 때, 인쇄된 잡지는 시작에 불과했다. '비전 서밋 2011'이 개최되면서 온라인 채널인 '이놈 티브이(erorm TV)'는 보더폰 재단의 스폰서 및 사회적 기업가들과의 수많은 비디오 인터뷰 덕에 확실한 도약을 하게 되었다.

제너시스 연구소는 비전 서밋 2011이 끝나고 나서 사회 혁신적 운동의 현황을 분석했는데, 그 과정에서 또 하나의 새로운 프로젝트 구상이 나오게 되었다. 그것은 이 운동이 새로운 역량을 필요로 하며, 독일어권은 물론 세계 각국에서 참신한 생각을 가진 모든 사람과 접촉해야 한다는 것이었다. 나아가 그것은 업종이나 소속을 가리지 않고 모든 참여자가 긴밀히 소통할 수 있도록 플랫폼을 제공하는 힘이기도 했다. 다비드 디알로는 이런 점을 깨닫고 그 구상에 적합한 파트너와 리더를 찾아 나섰다.

사회적 기업가 정신이나 사회 혁신, 사회 혁신적 사업 등 지금까지 하나의 커다란 사회 혁신적 운동이 보여 준 추동력은 실로 다양하고 희망적이다. 그러나 모든 영역 중에서도 가장 중요한 것, 즉 이러한 도약 과정에 가장 핵심적인 역할을 하게 될 것이 아직 제대로 언급되지 않았다. 그것은 바로 교육 문제이다. 교육 분야에 있어 모범적 사회 혁신을 통한 돌파구 열기가 바로 맨 마지막 장의 내용이다.

교육 분야가 지금까지 이야기한 모든 아이디어를 성공적으로 이끄는 데 가장 핵심적인 역할을 한다고 말하는 까닭은 여러 가지이다. 그 까닭을 하나하나 짚어 보자.

　첫째, 지난 2~3년 사이에 독일에서 교육 분야만큼 많은 사회적 기업가가 탄생한 분야는 없다. 이것만 해도 독일의 교육 분야가 얼마나 많은 변화와 혁신이 필요한지를 충분히 말해 준다. 사실, 이 점은 이미 수많은 혁신가가 누누이 강조해 온 바이다. 충격적이게도 독일은, 경제협력개발기구(OECD) 주관으로 만 15세 학생을 대상으로 실시한 국제 학업 성취도 평가(PISA)에서 성적이 낮은 편이었다. 비록 때늦은 감은 있지만 바로 이런 결과도 교육 혁신의 필요성을 더욱 절감하게 한 듯하다. 그 결과 이제 독일에서도 다양한 교육 혁신이 나오고 있고 활기찬 변화의 시도들이 조직되고 있다.

　둘째, 교육 분야에서 대단히 혁신적인 사회적 기업가들이 급부상함에 따라 독일 기업들이 세운 각종 재단도 이에 큰 관심을 보이고 있다. 큰 재단들은 거의 모두 교육 혁신을 둘러싼 추세 변화에 다양한 장려 프로그램을 제공하고자 나섰다.

　셋째, 교육 분야만큼 일반 대중이 귀를 쫑긋 세우거나 팔을 걷어붙이고 직접 행동으로 나서겠다는 결의를 보이는 영역이 없다. 교육 분야야말로 우리 사회의 수많은 문제를 해결하는 데 가장 좋은 전망을 갖고 있기 때문이다.

　넷째, 교육 혁신가들이 개발한 많은 구상이 매우 빠른 속도로 그리고 매우 폭넓게 현실화될 수 있도록 설계되어, 수많은 시민을 적극 동참하게 만들고 있다. 교육 혁신을 위해 온 시민사회가 함께 힘을 모으고 움직이는 과정은 단순한 캠페인 차원과는 질적으로 다르다. 캠페인은 대체로 정치가들이나 교육부 장관 같은 사람들에게만 호소하는 정도에 그치기 때문이다.

다섯째, 다음 장에서 구체적으로 언급할 교육 운동은 어떻게 하면 학생들을 역량 있고 비전 있는 사회 혁신가로 키울 것인가 하는 문제를 다룬다. 교육 혁신이 없다면 사회 혁신도 말로만 그칠 공산이 크다. 교육 혁신이란 이런 면에서 각종 사회 혁신을 현실로 만드는 데 필요한 구체적인 방도를 제시하는 것이기도 하다. 다음 장에서는 이미 실현되고 있으면서도 대단히 좋은 결과를 낳고 있는 시범 프로젝트를 살펴보겠다. 이 사례는 당연히 모든 학교로 확장될 수 있고 그렇게 되는 것이 바람직하다. 나아가 이런 변화가 전 사회에서, 가능한 한 빨리 일어날 수 있게 하는 전제 조건, 즉 사회 혁신의 문화를 적극 활성화하기 위한 조건에 대해서도 논의하게 될 것이다. 그리고 이런 변화가 대학 교육 차원에서는 어떤 식으로 일어나야 할지에 대해서도 자세히 보게 될 것이다.

여섯째, 그런 식의 교육 혁신을 이룬다면 경제계를 변화와 혁신의 강력한 파트너로 확보할 수 있다. 왕성한 의욕과 창의적인 정신, 그리고 실천력이 강한 졸업생들이야말로 경제계가 지대한 관심을 갖는 대상이기 때문이다. 그러나 창의성, 책임감, 실천력과 같은 측면을 강화하는 것은 딱히 경제계의 요구가 아니더라도 사회의 발전을 위해 반드시 필요하다. 따라서 교육 시스템의 혁신이 비록 경제계의 지원을 받는다 하더라도 굳이 특정한 이해관계를 위해 어느 한쪽으로 치우칠 필요는 전혀 없다.

이 모든 것을 종합하면 이렇다. 교육 분야야말로 사회 혁신, 사회적 기업가 정신, 그리고 사회 변화의 성패를 좌우할 가장 중요한 영역이라는 사실이다.

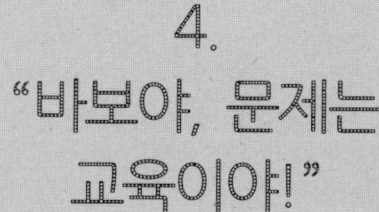

4.
"바보야, 문제는
교육이야!"

교육이 사회 혁신의 중심에
서야 한다

1990년대 초에 미국의 빌 클린턴 대통령 후보가 조지 부시를 상대로 대선 캠페인을 벌이고 있을 때, 하나의 구호가 대중을 압도했다. "바보야, 문제는 경제야!"라는 말이었다. 클린턴의 이 슬로건은 삽시간에 모든 신문과 방송을 뒤덮었다. 사람들은 경제를 활성화하는 것만이 자신의 꿈을 이루는 유일한 길이라고 생각했다. 그리고 이 과업을 클린턴 민주당 정부가 기존의 보수 공화당 정부보다 훨씬 잘 해내리라 믿었다. 요컨대 경제야말로 유일하게 중요한 현실적 영역이라는 사고방식이 당시의 전 세계 대부분에서, 특히 미국 사회에서 당연시되었다.

지금은 아마 훨씬 적은 사람들이 그 말에 동의할지 모른다. 우리의 의식은 갈수록 경제 중심주의를 벗어나고 있고 집단적인 경험을 통해서도 부단히 변하고 있다. 그래서 지금은 다음 문장이 더 설득력이 있을지도 모르겠다. 위 문장에서 단 하나의 단어만 바꾼 것이다. "바보야, 문제는 교육이야!"가 바로 그것이다. 이것은 경제 이야기보다 훨씬 긍정적인 프레임이다.

도대체 프레임이란 무엇일까? 미국의 언어학자 조지 라코프는 오래 전부터 '사람들의 사고방식은 도대체 어떻게 구조화하는가?' 하는 질문을 던졌다. 그의 주장은 이렇다. 인간의 사고는 은유(메타포) 속에서 형성된다. 가장 중요한 은유는 우리 머릿속에 그림으로 나타난다. 이 그림은 재빠르게 우리의 사고를 특정한 길로 유도한다. 바로 이 특정한 길이 곧 프레임이다. 만일 우리가 "세워, 총!"이라는 구령을 외치거나 "이중 전선의 전투"라는 말을 하면, 우리의 사고는 쉽게 군사적인 사고의 프레임 속에 갇히고 만다. 비록 우리가 전반적으로는 그렇지 않다고 하더라도 말이다.

라코프는 프레임이 가진 영향력을 집중 연구했는데, 특히 미국에서 사회 정치적인 논쟁이 벌어지는 과정에서 프레임이라는 것이 얼마나 무서운지 자세히 고찰한 바 있다. 라코프에 따르면 보수적인 사람들은 경제 정책 같은 문제를 이야기할 때조차 군사적인 은유를 자주 사용한다. 예를 들면 경제 용어 중에 자주 등장하는 "자유무역"이라는 말이 나오는 순간 불가피하게 "수호"라는 말이 뒤따른다. 군사적인 용어를 쓰게 되면 모든 사람이 아군 아니면 적군으로 분류된다. 어떤 가치를 말할 때도 과연 그것을 위해 싸우는 것이 이익이 되겠느냐는 차원에서 보게 되고 사람들을 동원의 대상으로만 보게 된다. 그래서 흑백 논리를 벗어난 세밀한 사고 자체를 불가능하게 만든다. 일례로, 미국에서 조세 문제나 복지국가 논쟁이 일어났을 때도 군사적 적대성을 띠는 이미지가 곧잘 부각되었다. 이것은 유럽 대륙의 여러 나라에서는 전혀 납득이 되지 않는 바였다. 반면에 세계시장이나 자유무역이라는 개념은 거의 종교적으로 숭상되는 가치처럼 높이 받들어졌다. 그리고 이런 가치는 모든 수단을 동원해서, 심지어 글로벌 십자군을 동원해서라도 수호해야 하는 것으로 간주되었다. 사실은 "바보야, 문제는 경제야!"라는 말조차 군사적 프레임에 갇힌 것에 불과하다. 빌 클린턴은 이 말을 통해 나지막하지만 다소 위압적인 태도로 보수당 정부의 무능한 경제 정책을 나무라고자 했다. 마침내 그는 유능한 전문가로 구성된 경제 팀을 꾸리고 미국 대통령이 되어 일방적으로 경제 자유화를 강조하는 시대정신의 선두에 서게 되었다. 대통령이 된 뒤에 클린턴이 한 일은, 그 뒤의 보수당 정부와 마찬가지로 신자유주의적인 경제 정책을 계속 추진하는 것이었는데, 결국 2008년 금융 위기처럼 지난 100년 이래 미국에서 가장 큰 경제 위기와 사회 위기만 초래하고 말았다.

오늘날 독일 사회가, 그리고 전 세계 각국의 모든 사회가 절실히 필요로 하는 것은 하나의 긍정적 프레임이다. 그것은 미래에 대한 비전이 넘치는 은유여야 하며, 인간이 가진 긍정적이고 창의적이며 경영적인 힘을 마음껏 발산하게 하는 것이어야 한다. 또한 시민들로 하여금 희망찬 미래, 생동하는 세상의 주인공이 되도록 적극 돕는 것이어야 한다. 그리하여 사람들에게 권위주의적으로 군림하는 패러다임이 아니라 사람들이 경제적, 사회적, 생태적 발전 과정에 주체적이고 책임 있게 함께 참여할 기회를 활짝 열어 주는 패러다임이어야 한다. 물론 이런 것이 가능하려면 무엇보다도 훌륭한 교육 제도가 구축되어야 한다. 따라서 새로운 프레임은 이러한 목적에 걸맞게 형성되어야 한다. 바로 이런 맥락에서 교육이 혁신의 중심에 설 수밖에 없다. 그래서 "문제는 교육이다!" 물론 이 교육 시스템은 오늘날의 시대적 상황에 부합해야 한다. 교육의 근본적인 변화, 다시 말해 근본적인 교육 혁신이 필요한 까닭이다. 그러나 우리는 여태껏 강조해 온, 인간의 잠재력 발현을 위해 교육이 중요하고 교육의 가치만큼은 영원불변할 것이라는 기본적 생각 이상의 것을 향해 나아가야 한다. 왜냐하면 "미래에 과연 어떤 식으로 학습할 것인가?"라는 질문에 대한 새로운 돌파구, 즉 심층적인 대안이 필요하기 때문이다.

교육의 혁신이
무엇보다 절박하다

먼저 이런 질문을 던져 보자. 과연 어떤 방법으로 새로운 그림, 새로운 프레임, 다시 말해 온 사회를 제대로 변화시킬 수 있는 새로운 운동을 시작할 수 있을까? 그리하여 사회의 구성원들을 향해 기존의 교육 개념이나 교육 시스템을 근본적으로 혁신해야 한다고 설득할 방법은 무엇일까?

우선 이런 것을 상상해 보면 어떨까? 어떤 어린이가 거실에 앉아 있다. 아이 앞에는 알파벳 대문자 아홉 글자가 물결 모양으로 놓여 있다. 어른이 보면 그 알파벳들을 단번에 'EDU-CATION'으로 맞출 것이다. 그런데 아직 글자를 잘 모르는 이 아이의 얼굴은 뭔가 아니라는 표정이다. 아이는 그냥 즐겁게 놀듯이 알파벳 두 개를 서로 바꾼다. 즉, 알파벳 C와 A의 자리를 바꾸어 버린다. 그러고는 자기가 만든 글자를 보면서 뭔가 만족한 듯 웃는다. 이 아이는 어른이 맞추어 준대로 받아들이지 않고 자신이 직접 뭔가 만들었다는 데서 행복한 느낌을 갖는다. 그 단어는 'EDU-ACTION'이다.

　비슷한 이야기를 조금 달리 해 보자. 어떤 대학생이 있다. 그는 대학 캠퍼스의 벤치에 앉아 아이패드를 보면서 생각에 잠겨 있다. 그는 우리의 교육 제도를 혁신하기 위한 다양한 전략적 대안에 대해 깊이 알고 싶다. 물론 그런 내용에 대한 자신의 생각도 정리해야 한다. 그러나 이런 과제를 하기 위해서라도 잠깐 멈출 필요가 있다. 그래서 아무 생각 없이 아이패드 화면에 대문자로 'EDUCATION'이라고 쓴다. 그러고 나서 무심한 듯 두 손가락으로 C와 A를 바꾸어 본다. 갑자기 자신의 눈이 환해지는 걸 느낀다. 자신도 모르는 사이에 느닷없이 새 아이디어를 얻었기 때문이다. 'EDUACTION'. 그렇다! 그는 뭔가 영감을 얻었다는 듯 벌떡 일어나 도서관으로 신나게 달려간다.

　이 이야기의 세 번째 버전은 이렇다. 독일 베를린의 유명한 브란덴부르크 문 앞에 중고생 수천 명이 몰려들었다. 주위에는 유명한 방송국에서 나온 카메라들이 진을 치고 있다. 임시로 만들어진 무대 위에서 무언가를 말하는 사람은 TV에 나오는 유명 탤런트나 아나운서가 아니라 베를린의 수많은 학교에서 온 이름 모를 학생들이다. 한 학생이 앞으로 나와 이야기를 시작한다.

　"우리가 오늘 이 자리에 모인 까닭은 시대 변화에 점을 하나 찍기 위해서입니다. 여러분 어른들 모두는 알아야 합니다. 여기에 모인 모든 학생의 미래가 교육 시스템에 달려 있다는 것을 말입니다. 다시 말해 우리 삶을 얼마나 능동적으로 창조할 수 있는가 하는 전망에 따라 우리 미래가 좌우될 것입니다. 또한 우리는 잘 알고 있습니다. 여러분 어른들이 우리에게 던져 준 교육 시스템 아래 우리 학생들이 여러 심각한 문제를 겪고 있는 한, 뭔가 잘못 돌아가고 있는 것이 분명하다는 사실을 말입니다. 우리 학생들은 결코 당신네 어른들보다 더 어리석지 않습니다. 우리가 내린 결론은 이렇습니다. 우리는 당장 지금부터라도 어떤 교육 시스템이 필요한지 어떤 교육을 받고 싶은지 깊이 생각해야 한다는 것입니다. 우리가 생각해 낸 첫 아이디어에 대해 우리 친구들이 무대 위에서 여러분 어른들에게 잘 발표할 것입니다. 물론 이것은 최종 결론이 아니므로 모든 사람이 더 좋은 내용을 보충할 수 있을 것입니다. 이제 확실한 것은 오늘날 교육은 훨씬 더 생동적이고 능동적으로 바뀌어야 한다는 점입니다. 결국 우리 모두가 현재보다 훨씬 더 적극적으로 변해야 합니다. 우리의 확신은 이렇습니다. 지금까지의 경험에서 볼 때, 학생들이 더 나은 교육을 만드는 데 적극 참여하여 더 많은 역할을 한 학교는 모두 훨씬 개선되었으며 학생들이 만들어 낸 결과도 훨씬 나아졌다는 것입니다. 그리고 우리는 확신합니다. 미래지향적인 교육 혁신이란 결코 우리 혼자서만 생각해 내거나 실현할 수 있는 것이 아니라는 점입니다. 그러므로 오늘 우리의 집회는 결코 혁명적인 위협이 아니라 모든 사람을 미래지향적인 교육 혁신의 광장으로 공개적으로 초대하는 것입니다. 그래서 모두가 같이 생각하고 같이 만들어 가자는 것입니다. 우리는 분명히 교육을 원합니다. 그러나 그것은 새로운 형태의 교육입니다. '에듀케이션'이 아니라 '에듀액션'입니다!"

이어서 무대 위의 학생들은 커다란 알파벳들을 모아 브란덴부르크 문에 길게 걸치도록 하나의 문장을 만들었다. 그것은 "이제는 에듀액션의 시간이다!"였다. 이런 획기적인 장면들이 주요 텔레비전 뉴스 시간에 보도되었고 학생들이 교육의 미래에 대해 말한 내용이 그대로 전파를 타고 흘렀다.

그러나 독일 전역에 퍼지는 교육 캠페인을 보도하는 텔레비전 방송 내용이나 베를린 브란덴부르크 문 앞 파리저 광장에서의 대형 이벤트는 모두 판타지에 불과하다. 물론 이것이 조만간 현실이 되기를 열망한다. 그리하여 독일 전체가 제대로 된 교육 혁신의 물결을 타게 되기를 바랄 뿐이다.

이런 식의 교육 운동이 실제로 일어나려면 어떻게 해야 할까? 그리고 현재 급속히 일어나고 있는 사회 혁신이나 사회 혁신적 운동 과정에서 이미 마련된 조건들은 어떤 것이 있을까?

교육 혁신 프로젝트를 지원하는
선구적 실험실

여기서 묘사된 교육 운동은 일정한 실험실이 필요하다. 그 실험실은 교육 혁신가들이 창의성을 유감없이 발휘하도록, 특히 그러한 시도가 전체 사회 속에서 폭넓게, 오랫동안 정착하도록 지원해 주는 것이어야 한다. 그런 실험실이 2010년 이후 여기저기서 동시다발적으로 생겨났다. 그중 두 가지만 살펴보자.

쾰른의 소셜 랩

미셸 알뤼는 2010년에 쾰른에서 소셜 랩(사회적 실험실)을 설립했는데 존 F. 케네디의 말을 슬로건으로 내세웠다. "장기적인 관점에서 교육보다 더 비싼 것은 하나밖에 없는데, 그것은 무교육이다!" 교육이 부실하면 그 대가가 엄청나다는 말이다. 이런 생각을 하면서 알뤼는 학교나 교육 분야에서 혁신적인 프로젝트를 수행한 사회적 기업가들을 찾아 나섰다. 특히 오늘날 갈수록 많은 학생이 학업을 중도에 포기하는데, 이들이 우리 사회 안에서 자신을 발견하고 자아를 실현할 수 있도록 도와주는 사회적 기업가가 필요했다.

그가 가장 먼저 생각한 것은 교육 혁신가들을 한 장소에, 한 허브에, 즉 소셜 랩에 모으면 사람들이 가장 절실히 필요로 하는 도움이 무엇인지 제대로 찾아낼 수 있을 것이라는 점이었다. 그렇게 되면 동시에, 절실한 도움이 필요한 사람들도 일거에 잘 조직해 낼 수 있을 것이라는 생각도 있었다. 다행히 그는 오래지 않아 유능하고 추진력이 강한 파트너들을 쉽게 찾을 수 있었다. 킨바움, 롤란트 버거, 퀼른 대학교, 아쇼카, 본벤처, 그리고 그 외 사회적 기업가 정신에 투철한 여러 기관이었다.

그러나 곧 더욱 심오한 아이디어가 나왔다. '교육의 연쇄 고리'라는 아이디어였다. 각각의 교육 혁신 프로젝트는 교육의 각 단계마다, 즉 특정한 연령 단계마다 각별한 지원을 위한 아이디어를 개발해 냈다. 이 모든 개별 프로젝트를 전체적으로 엮어 내면 취학 이전 단계부터 나중의 직업 생활에 이르기까지 하나의 그물망이 생긴다. 그리하여 어린아이들이나 어른들 모두 각자의 학습 및 연령 단계마다 일정한 지원과 도움을 받아, 개인의 입장에서 볼 때 그 어떤 공백도 잘 메울 수 있게 하자는 것이다. 대표적으로 소셜 랩은 2011년 여름까지 확보한 파트너 조직들 덕분에 이런 교육적이고 지원적인 손길의 연쇄 고리를 잘 만들 수 있었다. 그 일부를 소개하면 다음과 같다.

- '부모 주식회사'는 어린 시절에 교육을 제대로 받지 못한 부모들로 하여금 교육적인 능력을 십분 발휘할 수 있도록 효과적인 도움을 주고 있다.

- 어린이 놀이방이나 초등학교에서 '소셜 랩'은 아이들을 신바람 나게 만들었다. 모든 것을 재미난 놀이를 하듯이 진행했고 자연 학습과 관련해서도 지속적인 성공을 거두었다. 특히 '비폭력 학습' 조직과 더불어 매우 효과적으로 폭력 예방을 하고 있다.

- '기회의 공부방'은 기초학교, 실업학교, 직업예비학교, 인문계학교 등에서 상대적으로 학업이 부진한 학생들, 특히 이주민 2세 아이들을 위해 방과 후 교실 및 조언을 착실하게 그리고 효과적으로 해내고 있다. 이주민 후손이 아니더라도 비슷한 도움이 필요한 학생이라면 누구나 이런 서비스를 받을 수 있다. 한편 NFTE(Network for Teaching Entrepreneurship, 교육 혁신가를 위한 네트워크)는 교사들에게 기업가적인 능력을 전수함으로써 실무적인 경험을 학생들에게 효과적으로 교육하도록 지원한다. 이를 통해 갈수록 많은 사람이 각자 가진 혁신 마인드를 더 잘 발휘할 수 있게 돕고 있다.

- 직업 교육이나 대학 교육을 위한 오리엔테이션 단계가 오면 '학생과 멘토의 협동'이라는 조직이 적극적으로 도움을 준다. 우선 학생이 직업 세계나 학문 세계 중 어떤 길을 선택할지 고민할 때 학생의

입장에서 올바른 길을 선택하도록 조언해 준다. 일단 하나의 길이 선택되면, 그 길을 위해 필요한 자질 요건들을 잘 갖추도록 실질적인 도움을 준다.

- '진로 프로젝트' 팀은 취업 트레이닝과 관련하여 학생들을 적극 참여시키고 특히 직업 오리엔테이션을 위한 학생 박람회 같은 것을 열기도 한다.

- '프로젝트 작업장'은 최근에 J. P. 모건과의 파트너십을 통해 백만 유로 정도의 지원을 받았는데, 학교와 취업 사이의 문턱에서 여러 가지 도움을 준다. 특히 장기 실업 상태에 놓인 청년층과도 긴밀히 협력한다. 탈학교 청소년들과 실업 청년들은 연극을 통한 교육 기법을 통해 자신이 가진 직업적 능력을 발견하고 배양하는 데 도움을 받을 수 있다.

- 'IQ-컨설트'는 장기 실업자를 돕는데, 여러 가지 조치를 종합한 패키지가 실질적인 힘을 발휘한다. 그중 하나인 소액 대출 제도는 이들이 자영업자가 될 수 있도록 실질적 도움을 준다.

이러한 교육의 연쇄 고리 시도는 엄청난 반향을 불러일으켰다. 물론 적합한 인적 자원을 갈구하던 경제계도 반색하며 환영했다. 사실, 지금도 해마다 수만 명 내지 수십만 명의 학생들이 공부를 마치고 배출되지만 직업 세계에 대한 준비도 제대로 하지 못한 채 졸업장만 들고 나온다. 따라서 우리 사회는 전체 교육 시스템을 심도 있게 바꿀 수 있는 새로운 구상이 절실하다. 그뿐만 아니라 여태껏 기존의 교육 구조 속에서 도움을 받지 못했던 사람들을 위한 '사회적 네트워크'도 필요하다. 이 사회적 네트워크는 기존의 공백을 메울 뿐 아니라 완전히 새로운 차원의 교육을 열 것이다. 이런 점에서 '쿼른 소셜 랩'은 사회적 기업가 집단과 함께 '교육 사회적 네트워크'라는 시범 프로젝트를 만들고자 한다. 그 궁극적 목적은 시범적인 경험의 결과를 독일 사회 전체에 확산시키는 것이다.

교육 혁신 랩

2011년 여름에 나는 슈테판 브라이덴바흐와 함께 훔볼트-비아드리나 거버넌스 스쿨에서 여러 저명한 교육 혁신가들과 공동으로 교육 혁신 랩(실험실)을 추진했다. 우리 팀 안에는 히더 카메론, '복싱 소녀단(Box Girls)' 프로젝트를 위한 아쇼카 장학생, '교육 혁명가'이자 그해의 대학교수로 뽑힌 마그레트 라스펠트, '혁신적인 교육 프로젝트 견학을 위한 세계 여행자' 중 한 사람인 세바스티안 히르슈, 훔볼트-비아드리나 거버넌스 스쿨 교육 혁신 분야의 첫 졸업생인 클라우디아 디크만스, '넥스트 러닝(Next learning)'의 스퇴브하제 등이 있다. 이 실험실이 중점을 둔 분야 중 하나는 각급 학교에서 긍정적인 변화가 크게 일어날 수 있도록 미리 길을 닦는 것이었다. 이를 위한 전제는 우선 기존 교육 시스템 내부에서 탁월한 능력을 보인 교육 혁신가를 찾아내는 것이었다. 물론 이들은 미래지향적인 교육관을 가지고 모범적인 변화와 혁신을 성공적으로 이룬 사람들을 말한다. 모범적인 사례들이 발굴되어 제대로 인식되고 분석, 기록되면 그다음 단계에 큰 힘이 된다. 이것이 시스템 전체에 확산되도록 잘 조정만 되면, 지속적인 변화가 매우 빠르고도 힘차게 이루어질 것이기 때문이다. 가장 대표적인 곳이 마그레트 라스펠트가 운영하는 베를린-젠트룸 기독 학교이다. 이에 대해서는 나중에 더 자세히 살펴보자. 교육 혁신 랩은 이런 모범 사례에 비추어 자체의 분석 능력, 기록 능력, 소통 능력, 발전 능력, 확산 능력이 어느 정도인지 검증받고자 한다.

그 외에 교육 혁신가의 세계가 세밀히 분석되어야 하는 이유는 어떤 자극이나 동력이 교육적 토론의 장에 필요한지, 그리고 교육 혁신가들을 어떻게 지원해야 제대로 지원할 수 있는지를 알기 위해서이다. 특히 그들이 추진하는 혁신의 질이나 결과를 더 나아지도록 하려는 것이다.

앞서 말한 두 가지 목표와 관련해 뜻밖에도 놀라운 일이 일어났다. 슈테판 브라이덴바흐가 독일 연방 수상 앙겔라 메르켈이 주도한 미래를 위한 대화 프로젝트 '어떻게 학습할 것인가?'를 총괄하도록 요청을 받은 것이다. 당연히 교육 혁신 랩의 여러 결과는 바로 그 과정에서 유용하게 쓰이게 될 것이다.

나아가 교육 혁신 랩은 '비전 서밋 2012'에 선보일 교육 관련 프로그램을 체계적으로 준비하게 된다. 그리고 이런 방식을 통해 그 동력을 교육 관련 토론의 장으로 유입시킨다. 동일한 논리가 '넥스트 러닝'이라는 교육 페스티벌(2012년 초에 개최)에도 적용되었다.

교육 혁신 랩은 기존의 모범적인 교육 혁신가들이 교육계에서 가진 영향력을 더 널리 확장할 방법에 대한 연구도 진행할 것이다. 동일한 목적을 위해 교육 혁신 랩은 앞서 말한 교육 운동도 함께 추진할 계획이다. 이런 목적을 달성하는 데 단연코 결정적인 것은 탁월한 교육 혁신가들의 네트워크를 강화하는 일이다.

신바람 나는 학교를
상상해 보자!

　교육 운동이 힘차게, 제대로 되려면 교육 혁신을 위한 실험 공간뿐 아니라 일종의 등대 역할을 하는 구체적 사례들이 필요하다. 이러한 사례는 사람들이 혁신을 실제로 진행하는 데 있어 좋은 참고가 될 뿐 아니라 완전히 새로운 학교를 만드는 게 어떤 것인지 상상할 수 있는 좋은 자원이 된다. 국제 학업 성취도 평가(PISA)와 관련된 한 연구는 그런 학교를 온 사회에 부각시켰다. 그 학교는 독일 비스바덴에 있는 헬레네-랑에 학교인데 이른바 '독일의 최우수 PISA 학교'로 선정된 곳이다. 이 학교 교장인 엔냐 리겔은 일반 학교가 갖고 있는 여러 규칙을 모험적으로, 선구적으로 파괴했다. 마그레트 라스펠트가 이끄는 베를린-첸트룸 기독 학교는 이보다 훨씬 더 앞선 학교인데, 많은 사람이 훨씬 더 좋은 학교라 말하고 있다.

　독일의 저명한 뇌과학자 게랄트 휘터는 오래전부터 두뇌 생리학적 관점에서 올바른 학습이란 무엇일까에 대해 집중적으로 연구했다. 그의 연구 가설은 "한 아이가 어떤 두뇌를 얻게 되는가 하는 것은 그 아이가 자신의 두뇌를 어떻게 그리고 무엇을 위해 쓰는가에 상당히 좌우된다."는 것이다. 여기서 중요한 것은 아이가 살아가는 생활환경 그 자체보다는 주어진 환경에서 아이가 자신의 삶을 위해 온갖 역경이나 장애를 극복하는 가운데 두뇌 발달이 결정적으로 이루어진다는 것이다. 다시 말해 아이가 자기 삶에서 특별히 중요하게 생각하거나 흥미진진하게 생각하는 것과 부단히 씨름하는 가운데 일정한 방향으로 두뇌 발달이 이루어진다는 것이다.

휘터 박사가 이런 명제를 이야기하는 근거에는 신경학적인 연구 결과가 있다. 만일 어떤 사람이 특정한 주제나 문제에 흥분해서 매달리면 그의 두뇌는 온 힘을 다해 가동되기 시작한다는 것이다. 두뇌는 새로운 기능을 해내기 위한 물질을 보통 이상의 수준으로 만들어 낸다. 생리적 차원에서 보면, 두뇌는 새로운 학습 내용이나 학습의 성공에 대해 엄청난 궁금증을 갖고 움직인다.

휘터 박사가 관찰한 두 번째 결정적인 점은 "모든 사람은 태어나서부터 평생 특정한 관계를 추구하는데, 그것은 서로 긴밀히 연결되어 있으면서도 자유로움을 느끼게 하는 관계이다. 이 두 측면(연결과 자유)의 기본 욕구가 충족되어야만 어떤 아이나 어른도 다양한 사물 사이의 복잡한 연관성을 이해하는 데 자신의 두뇌를 제대로 쓸 수 있게 된다. 또 그 과정에서 자신의 두뇌 자체도 더욱 발전시킬 수 있다."

또 다른 발견 내용도 있다. "모방 학습은 인지 구조, 평가 구조, 행위 구조를 전달하는 데 주요한 기초가 된다. …… 모범 행위를 따라 함으로써 아이들의 학습 능력은 빨리, 그리고 유난히 효율적으로 발달한다. 그래서 자신이 살아갈 공동체 사회에서 어떤 식으로 행동하는 것이 가장 올바른지에 대해서도 스스로 깨닫는다.

이 모두를 요약하면 이렇다. 첫째, 모범적인 사례를 만나면 사람의 학습 곡선이 급격히 상승한다. 왜냐하면 사람들은 모범 사례를 통해, 특히 반사 뉴런(신경계)의 작용으로 인해 가장 효과적이고 가장 지속 가능한 방식으로 학습을 하기 때문이다. 오늘날에는 학습 과정에서 모범 사례의 의미를 지나치게 과소평가하는 경향이 있다.

둘째, 제대로 된 학습 공동체는 평생 학습이 활기차게 이루어지는 데 필요한 두 가지 요소를 다 채워 준다. 한편으로는 우리가 다른 사람이나 다른 세상과 긴밀히 연결되어 있다는 느낌, 다른 한편으로는 우리 스스로 자유롭다는 느낌이 그것이다. 자유로워야만 다른 사람과 함께, 또한 긴밀히 연결된 세계와 함께 완전히 새로운 것을 만들어 낼 수 있다. 생동하는 공동체는 바로 이 두 가지, 유대감과 자유로움을 동시에 가져다준다. 그리고 이 두 가지는 서로를 고양한다.

셋째, 우리가 특별한 관심을 갖고 심취하는 도전이나 과제는 우리를 성장시킬 뿐 아니라 학습 동기를 극도로 높여 준다. 우리의 두뇌는 아무 연관성도 없는 고립된 지식이 아니라 관심 대상이 되는 문제나 과제에 초점을 맞춰 나름의 프로그램을 작동시킨다.

그렇다면 두뇌 발달에 적합한 학습이란 모범 사례, 공동체, 그리고 흥미로운 과제, 이 세 가지 요소로 이루어진다는 것을 알 수 있다. 이런 요소를 제대로 갖추고 실현하는 학교는 과연 어떤 모습일까? 2012년 초에 나온 《에듀액션-어린이는 더 많은 것을 할 수 있다》라는 책에서 나는 마그레트 라스펠트와 함께 어떻게 이 기본적인 전제 조건들이 그녀의 학교(베를린-첸트룸 기독 학교)에서 실감나게 구현되는지를 상세히 서술했다. 그래서 이러한 교육 혁신의 기본적인 생각을 간략히 소개하고자 한다.

게랄트 휘터는 마그레트 라스펠트의 학교가 자신의 아이디어를 가장 잘 실현한 학교라고 말한 바 있다. 그의 아이디어란 온 사회의 잠재력을 조금밖에 실현하지 못하는 사회로부터 그런 잠재력을 십분 발휘하게 하는 사회로의 이행을 뜻한다.

마그레트 라스펠트는 모범 사례라는 새로운 핵심 목표를 구현하기 위해 특별한 인물들을 자기 학교로 초빙해 학생들과 함께 일부 프로젝트를 공동으로 추진하도록 도와주었다. 그녀는 학생들이 노벨 평화상 수상자인 무함마드 유누스 총재와 자리를 함께하도록 주선했다. 학생들은 유누스를 만나기 전에 미리 여러 가지 질문지를 만들었다. 그리고 학생들의 질문과 유누스의 답변을 모아 나중에 청소년 판 《가난한 사람들을 위한 은행가》라는 책을 내기로 약속해 두었다. - 이 책은 페트라 새퍼-팀프너(Petra Schäfer-Timpner)가 쓴 《가난은 박물관으로! 무함마드 유누스와 청소년의 대화(Armut gehört ins Museum! Jugend im Gespräch mit Muhammad Yunus)》라는 책으로 독일의 Epubli 출판사에서 출간되었다. - 학생들은 유누스 총재의 이야기를 듣고 정말 큰 영감을 받았고, 마침내 스스로 학생을 위한 소액 대출 운동을 벌일 정도가 되었다.

물론 모범 사례로 적합한 인물이 반드시 유누스 총재처럼 세계적으로 저명한 인물일 필요는 없다. 학생들은 무엇보다 매스컴에 나오지 않는 사람이더라도 수많은 '일상의 영웅'과 친밀한 접촉을 하는 것이 필요하다. 학생들은 그런 사람들로부터 풍부한 실생활의 경험담을 실감나게 들을 수 있기 때문이다. 이러한 모범 사례들이 새로운 학교 개념에 얼마나 들어맞는지의 문제는 수많은 요소에 따라 달라진다.

사람들은 어떻게 공동체를 배울까? 그것도 유대감과 자유로움을 동시에 느끼면서, 또한 이 두 요소가 상호 보완도 하고 상호 촉진도 하는 형태로 말이다.

베를린-첸트룸 기독 학교의 사례에서 사람들은 하나의 공동체가 성공적으로 운영되려면 반드시 '가치 판단의 문화'가 제대로 정착되어야 한다는 점을 깨달았다. 이 학교에서는 학생과 교사가 정기적으로 만나 서로에게 어떤 가치 판단을 내리고 있는지 스스럼없이 이야기한다. 이 과정에서 모든 아이는 자신이 제대로 인정받고 있으며, 가치 있는 존재라는 것을, 그리하여 공동체의 일원임을 느낀다. 한 학생은 그 느낌을 이렇게 표현한다. "물론 우리가 모두를 동시에 사랑하는 것은 아니에요. 하지만 우리는 서로 친밀하게 느낀다는 것을 잘 알고 있지요." 바로 이 단순한 사실이 이 학교에서는 어떤 폭력도 생겨날 근거가 없음을 말해 준다.

공동체 정신 형성에 중요한 또 다른 기초는 이 학교가 헤쳐 나가려는 도전들의 비중이다. 대부분의 학교에서는 학년이 끝나갈 무렵 일종의 야외 수업을 가면서 기분 전환과 함께 약간의 모험을 한다. 하지만

이 학교에서는 일상적으로 학생들이 제대로 된 도전에 직면하여 슬기롭게 헤쳐 나가는 방법을 몸으로 배운다. 실제로, 학생들은 작은 팀 단위로 어떤 과업을 맡아 해결해 볼지를 스스로 제안한다. 학생들은 자전거를 타고 깊은 산골에 있는 수도원 같은 곳에 갔다 올 수 있다. 물론 거기서 수도원의 생활을 생생하게 체험해 볼 수 있다. 또 다른 학생들은 동부 독일 메클렌부르크 주의 호숫가에 있는 생태 농장을 방문할 수도 있다. 그들은 거기서 생물학적이고 역동적인 농촌 체험을 실감 나게 할 수 있을 것이다. 학생들은 이 모든 과업을 스스로 조직하고 자립적으로 실행한다. 물론 어려운 점도 있다. 이런 과제 해결에 필요한 비용은 의도적으로 빠듯하게 책정된다. 그래야 아이들은 더욱 창의적으로 나름의 돌파구를 찾게 된다. 그렇게 해서 부족한 자원을 가지고도 의미 있는 결과를 산출한다. 새 학년이 시작되면 학생들은 팀별로 그들의 경험을 '캠퍼스 도전 광장'에 발표한다. 학생들은 인생에 길이 남을 경험담을 실감 나게 이야기하되, 최선을 다하는 것과 긍정적인 마인드를 중시한다.

또 다른 질문은, 어떻게 하면 '그 속에서 성장도 할 수 있는 신바람 나는 과업'을 체험할 수 있을까 하는 것이다. 이것을 마그레트 라스펠트는 '프로젝트 책임성'이라 말한다. 이것은 단순히 일정한 시간 동안 사회적 프로젝트를 수행하느라 시간만 보내는 것을 의미하지는 않는다. 더 나은 세상을 만드는 데 대한 책임을 스스로 느끼는 것, 그리고 일종의 선구적인 행위자가 되기를 자처하는 것을 의미한다. 이러한 선구적 행위자는 발등의 불과 같은 사회 문제에 대한 지혜로운 해결책을 찾아 나선다. 이 학교는 그야말로 학교라는 본래의 의미에 충실한 사회 혁신 학교인데 이는 전혀 과장이 아니다. 이에 대해서는 다음의 사례들이 구체적으로 보여 줄 것이다. '책임성 프로젝트'에서는 학생들이 교사들과 함께 사회적 도전이나 해결 과제를 찾아내고 그에 대한 해결책을 함께 고민하며, 마침내 그 해결책을 현실로 만들어 낸다. 이런 프로젝트 몇 가지만 간략히 소개하면 다음과 같다.

✽ 기후변화 해결사

이 아이디어는 베를린-첸트룸 기독 학교 학생들이 아니라, 바이에른주의 학생인 펠릭스 핑크바이너가 제안한 것이다. 이 학생은 이제는 세계적인 학생 조직이 된 '지구를 구하는 나무 심기'를 최초로 만든 장본인이다. 그 목적은 학생들을 아예 처음부터 기후변화 해결사 또는 기후변화 대사로 길러 내는 것이다. 이들의 구체적 임무는 공개 강연이나 발표를 통해 기업인, 정치가, 일반 시민을 설득해 전 지구에 나무 수억 그루를 심도록 하는 것이다. 이는 기후변화에 대한 걱정만 하지 말고 실제 행동으로 적극 대처하자는 취지이다. 베를린-첸트룸 기독 학교는 학생들이 펠릭스 핑크바이너의 제안처럼 기후변화 대사가 되도록 양성하는 프로그램을 도입한 최초의 학교이다. 그리하여 기후변화 대사를 250명 정도 배출했다. 이들의 임무는 베를린에서 최소한 10만 그루의 나무를 심는 것이었다. 이들은 실제로 자신의 의무를 완벽하게 수행했다. 베를린-첸트룸 기독 학교 학생들은 이제 기후변화 대사로서 의회, 기업가 연맹, 그리고 큰 국제회의 등 전 독일 차원에서 초청 강연 내지 초청 발표회를 갖는다. 이 학생들은 웬만한 기후변화 운동가보다 청중을 더 많이 감동시킨다. 학생들은 이렇게 말한다. "이제 우리는 정말 뭔가 해낼 수 있다는 것을 확신해요!"

✳ 언어교육 대사

베를린-첸트룸 기독 학교의 학생들은 이주민 자녀들의 학습 문제와 관련한 공개 토론에 직접 참여한 적이 있다. 뤼틀리 학교를 비롯한 여러 학교에서 이런 토론이 열렸다. 토론에 참여한 후 학생들은 여기서도 뭔가 의미 있는 일을 해 보고 싶어졌다. 학생들은 스스로 언어교육 대사 역할을 하기 위해 자신을 훈련하기로 결정했다. 그래서 이주민 자녀들이 80퍼센트 이상을 차지하는 초등학교 같은 곳에 가서 언어 수업에 참여하기로 했다.

이들에게 가장 큰 도움이 된 수업 모형은 또래 교육 및 또래 코칭이었다. 학생들은 일주일에 한두 번쯤 초등학교 1~3학년 아이들과 함께 수업에 참여하여 학습을 할 때나 숙제를 할 때 실질적인 도움을 주었다. 그렇게 해서 아이들은 각각의 모국어를 쓰는 사람들과 자연스러운 방식으로, 또 가장 효과적인 방식으로 학습을 할 수 있게 되었다. 동시에 독일어 학습도 순조롭게 이루어졌다. 그 밖에 언어교육 대사들은 아무런 보살핌도 받지 못하는 아이들도 도와주었다.

베를린-첸트룸 기독 학교 언어교육 대사들의 인기는 대단해서 나중에는 각 학교에서 들어오는 도움 요청을 일일이 감당하기 어려울 정도가 되었다. 그래서 다른 학교의 학생들도 언어교육 대사로 훈련시켜 그런 활동을 더욱 확산시키려는 아이디어가 고안되었다. 한마디로 '훈련자를 훈련한다.'는 원칙에 따라 그들은 향후 5년 동안 독일 전체적으로 최소한 3천 명 정도의 언어교육 대사를 배출할 계획을 세웠다.

✳ 학생에 의한 교사 교육

어떻게 교사 교육을 하면 학생들이 의욕적으로 학습에 참여할까? 그 방법을 가장 잘 아는 이는 누구일까? 베를린-첸트룸 기독 학교 학생들에게는 그 답이 아주 명확했다. 바로 학생들 자신이었기 때문이다. 그들은 학습에 대한 흥미를 정말 크게 느끼고 있었다. 그들은 한번 말로 하면 즉각 실행했다. 언행일치였다. 그들은 자신의 선생님들과 함께 다른 학교의 교사들을 교육하기 위한 계획을 세웠다. 베를린 교육청은 이러한 특별한 방식의 교사 교육을 공식적으로도 인정했다. 이런 식의 새로운 방식이 엄청난 잠재력을 가진다는 것을 금방 알아차렸기 때문이다. 그래서 채 일 년도 되지 않아 약 2천 명의 교사들이 이런 훈련을 받고 배출되었다. 그 여세를 몰아 독일의 수도 베를린에 가장 큰 교사 연수원이 만들어졌다. 교사들은 바로 이것이야말로 지금까지 체험한 교육 중 가장 좋은 교사 교육이라고 느꼈다. 여태껏 이처럼 현장에서 바로 실현할 수 있는 것을 많이 배운 적이 없었기 때문이다.

학생들이 교사 교육을 어떻게 할지 계획을 세우고 디자인하는 것, 이는 흔히 볼 수 있는 예사로운 생각은 아니었다. 이것이야말로 진정한 사회 혁신에 속하는 것이다. 다른 '책임성 프로젝트'들과 마찬가지로 이 프로젝트도 모든 사람을 깜짝 놀라게 했다. 사람들은 학생들이 겉으로는 평범하게 보이면서도 어떻게 스스로 확신을 갖고 주체적으로 나서서 모든 것을 해낼 수 있을까 하고 너도나도 궁금해했다. 이 교육을 마친 교사들은 도대체 이 학생들이 하는 다른 일에는 어떤 게 있을까, 일반 학교와 다른 점은 무엇일까, 궁금해하면서 꼬치꼬치 캐묻기도 했다. 앞으로도 이런 식으로 수많은 도전에 대해 제대로 된 대답을 찾아 나갈 필요는 얼마든지 있다.

✱ 블루 이코노미 학교

블루 이코노미라는 개념, 특히 오늘날의 생태적, 사회적 문제를 미래 지향적으로 풀기 위한 자연의 학습 개념에 대해서는 이미 앞에서 간략히 살핀 바 있다. 이 개념을 처음으로 제창한 군터 파울리는 베를린-첸트룸 기독 학교를 방문했을 때 금세 여느 학교와 다른 분위기를 알아챘다. 그는 이 학교야말로 독일 최초의 블루 이코노미 학교가 될 것을 직감했다. 군터 파울리가 펴낸 아동서 시리즈는 아이들이나 청소년들로 하여금 자연을 총체적인 연관성 속에서 바라볼 수 있는 눈을 길러 준다. 나아가 그의 책은 아이들로 하여금 자연법칙에 근거해 여러 창의적인 프로젝트를 실행해 볼 수 있게 한다.

✱ 디자인 사고 학교

일부 베를린-첸트룸 기독 학교 학생들은 포츠담의 디자인 사고 학교가 개최한 디자인 사고 워크숍에 참여했다. 그 뒤로 학생들은 이 방식을 자신의 학교에 무조건 적용하겠다고 결심했다. 그 방식이 자신의 학교는 물론 자기 자신의 발전 과정에도 엄청난 기회를 제공할 것이라고 보았기 때문이다.

디자인 사고의 핵심은 결국 자문을 하는 방법론이다. 학생들은 일종의 팀 속에서 개방적이고도 생산적인 방식으로 서로 의견을 묻는다. 그 결과 주어진 과제에 대한 최선의 창의적 해답을 찾는다. 학생들이 사회에서 직면하게 되는 다양한 과제에 잘 대처하도록 돕는 프로그램으로 이보다 더 좋은 것이 과연 있을까? 학교도 이런 식의 접근법을 통해 얻는 것이 많다. 학교는 '책임성 프로젝트' 등 다양한 프로그램을 통해 더욱 체계적인 방식으로 사회적 과제 해결을 위해 창의적이고 효과적인 해법을 개발할 수 있기 때문이다. 이 학교는 이렇게 해서 하소 플래트너의 꿈을 실현한 셈인데, 그의 꿈은 디자인 사고 방법을 일반 학교에 두루 적용하는 것이었다. 포츠담에서 체계적인 교육을 받은 디자인 사고 훈련가 한 명은 그사이에 베를린-첸트룸 기독 학교에서 일하고 있다. 새로운 아이디어를 다양한 방식으로 학교의 일상적 과정에 적용하고 싶었기 때문이다.

학생들은 이제 디자인 사고방식을 학교 내의 지속적 개선이나 '책임성 프로젝트'의 개선에만 사용하지 않고, 심지어 기업 경영의 지속적 혁신을 위해서도 일정한 영향력을 행사하고자 한다. 이 학생들은 기업들이 디자인 사고방식을 체계적으로 적용한다면 엄청나게 많은 것을 얻을 것이라 확신한다. 학생들이 그 과정에 제대로 참여할 기회가 주어진다면 말이다.

　물론 이런 식의 '학교 외적인 자유 활동'이 일어나는 경우, 평범한 학교의 보수적인 관리자들은 이런 질문을 꼭 던진다. 학생들이 그런 활동을 하면 과연 학업 성취도는 어떻게 되는가 하는 질문, 즉 학생들의 성적은 어떤가 하는 질문이다. 그에 대한 답은 간단하다. 베를린-첸트룸 기독 학교 학생들은 헬레네-랑에 학교와 마찬가지로 확실히 평균 이상의 성적을 거둔다. 이것은 결코 놀랄 일이 아닌데, 물론 놀라는 사람들도 있을 것이다. 놀라는 사람들은 우리 사회나 경제계, 무엇보다 아이들의 장래가 뭔가 다른 것을 필요로 한다는 사실을 잘 모르는 사람들일 뿐이다. 대개 우리는 지식을 암기하거나 주입하는 것만 배웠지 제대로 학습하는 방법, 즉 자기가 배운 지식을 스스로 현실로 만들어 내는 법을 배우지 못했다. 그렇게 고통스럽게 주입식 공부만 한 사람들, 그런 방식을 당연시하는 사람들, 전혀 다른 교육이 가능하다는 것을 모르는 사람들이 베를린-첸트룸 기독 학교 식의 혁신이 낳은 결과에 대해 깜짝 놀라는 것이다.

　이 세계의 근본적인 변화 추세를 연구해 온 학자들은 오래전부터 전문가의 시대는 거의 종말로 치닫고 있다고 말해 왔다. 미래가 요구하는 것은 높은 유연성과 탁월한 문제 해결력이다. 특히 끊임없이 등장하는 새로운 도전들에 대해 신속하고 깊이 있게 대처할 수 있는 능력이 중요하게 부각되고 있다. 그에 필요한 지식에 대한 접근성 문제는 이미 인터넷 시대에 들어온 뒤로는 별 문제가 되지 않는다. 오늘날 정말 애로사항이 있다면 그것은 사람들이 가진 잠재력을 폭넓게 펼칠 수 있는 기회가 적은 경우이다. 유아나 어린이의 경우 이러한 기회가 이미 일찍부터 그리고 더 개선된 형태로 많이 열려 있어서 학업 문제나 인생 문제와 관련해 걱정하지 않아도 되지만, 청소년이 직면한 현실은 문제가 매우 크다.

교육 혁신은 미래를 설계하는
'단체 보험'이다

완전히 새로운 교육을 창조하기 위한 운동을 성공적으로 이끌려면 과연 무엇이 필요할까? 여기서 교육 운동이란 교육 자체의 혁신만이 아니라 더 폭넓은 사회 혁신 문화를 위해 우리 사회를 새롭게 만드는 것을 말한다. 이를 위해 먼저 완전히 새로운 개념을 만들어 내면 어떨까? 방글라데시의 그라민 은행처럼 매우 진지한 태도로 새로운 시도를 하는 것 말이다. 그라민 은행은 지구촌의 가난한 사람들 수억 명에게 빈곤의 악순환에서 탈출할 수 있는 참된 기회를 열어 주었다. 비슷한 맥락에서 '모든 사람을 위해 최고의 교육을 보장하는 교육보험' 같은 것을 상상해 볼 수는 없을까? 오늘날 여러 가지 면에서 위기를 맞고 있는 우리는 바로 이런 식의 '규칙 파괴자'들이 필요하다. 특히 교육과 관련해 참된 미래를 설계하는 데 필요한 지혜를 모아야 한다.

2010년 여름에 나는 사회 동향 연구가인 스벤 가보르 얀스키(Sven Gabor Janszky)가 주최한 경영자의 날(Executive Days) 행사를 맞아 소셜 비즈니스에 관한 발표를 했다. 경제계의 최고 경영자 50명을 비롯한 경영진들이 함께한 이 모임의 주제는 '규칙 깨뜨리는 사람(rule breaker)' 이었다. 사회사업(소셜 비즈니스)은 정확히 이런 범주에 드는 것이었다. 내 발표가 끝난 뒤 페터 앙드레스가 다가왔다. 그는 에르고 디렉트(Ergo Direkt) 회사의 최고 경영자인데, 내 발표 내용에 상당한 흥미를 보였다. 특히 그는 내 아이디어를 자신의 기업에 적용할 방도를 함께 찾을 수 있으면 좋겠다고 말했다. 에르고 디렉트 사는 에르고 그룹의 한 계열사로, 독일 최대의 직접보험 회사 중 하나이다.

페터 앙드레스는 자기도 나름의 아이디어가 있다고 말했다. 실제로 에르고는 신제품을 개발하는 과정에서 이미 상당히 '규칙 파괴적'인 면모를 보이고 있었다. 에르고 디렉트는 2011년 초에 치아 보험과 관련된 신제품을 출시했는데, 이때 보험업계의 철칙 하나를 부수어 버렸다. 보험 계약이 이미 효력을 발휘하고 있는 중에도 계약 종료가 가능하도록 만든 것이다. 그에 따르는 손해 관련 규정은 보험사가 소급 적용해 만들기로 했다. 그러다 보니 손해배상을 정상적으로 감당할 수 없는 사람들이 생길 수도 있어서, 이런 사람들을 위한 아이디어를 낸 것이 사회 혁신적 사업 마인드의 일부가 되었다. 그러나 페터 앙드레스는 이보다 더 나아가려 했다.

에르고 디렉트의 직원인 아르민 몰라는 석사 논문을 쓰면서 에르고 디렉트가 사회사업의 맥락에서 어린이의 건강과 교육을 어떻게 결합해 나가는지에 관해 연구하기 시작했다. 그리고 회사 내부의 한 팀도 같은 질문을 던지고 연구를 시작했다. 2011년 여름의 '비전 서밋'에서 페터 앙드레스는 사회 혁신적 사업의 목표를 이렇게 제시했다. 독일에서 진정한 기회 균등을 실현하는 것, 그것도 모든 어린이에게 가능한 한 최고의 보건 의료 서비스와 동등한 교육 기회를 제공하는 것이었다.

이런 목표의 달성 과정은 무함마드 유누스의 방식과 완전히 동일했다. 조달 가능한 서비스를 성심껏 해 주되 원 기업은 어떤 이윤도 추구하지 않는 것이다. 이것이 바로 유누스 식의 사회사업이 가진 원칙이다. 페터 앙드레스는 이런 과업을 해결하는 데 적극 동참할 수 있는 사람들을 모으기 위해 약 1천 명 이상을 초대했다. 그러고는 "우리는 여러분의 적극적인 동참 없이는 결코 해낼 수 없는 까다로운 과제에 직면해 있습니다."라고 말했다.

실제로 이런 일을 해내는 것은 쉬운 일이 아니다. 특히 사회 전반에서 각종 규정이 여러 모로 세분화되고 조건이 까다로운 복지국가에서, 그것도 보험회사에서 건강과 교육의 문제를 풀려고 사회사업을 제대로 한다는 것은 상상도 하기 어려운 일이다. 페터 앙드레스에게는 사회사업을 하면서 어떤 이윤도 생각하지 않는 것은 아무 문제도 되지 않는다. 바로 여기서 우리는 유누스의 추진력을 좇아갈 필요가 있다. 문제는 어떻게 독일에서 보험 상품이 사회사업 방식으로 만들어질 수 있겠는가 하는 것뿐이다. 이를 위해 마땅히 각고의 노력을 해야 한다. 하지만 누가 첫술에 배부르겠는가? 제대로 된 사회사업을 정착시키려면 오랜 시행착오를 거쳐야만 한다.

바로 여기서 이런 질문이 생긴다. 독일 같은 나라에서 보험회사가 사회 혁신적 사업을 새롭게 하려면 도대체 무엇을 어떻게 해야 할까?

원래 보험이란 일종의 연대 공동체로서 탄생한다. 사람들이 힘을 합쳐 위험으로부터 자신을 보호하기 위해 탄생한 것이 곧 보험인 셈이다. 그래서 보험은 원칙적으로 연대 공동체에 속한 구성원 모두에게 적용되지만, 현실적으로는 당사자들에게만 적용될 뿐이었다. 물론 보험료는 모든 구성원이 균등하게 냈다. 손실을 입은 당사자는 일종의 손실 배상으로서 보험금을 타게 된다. 보험에 들지 않았더라면 전혀 받지 못할 도움을 받게 되는 셈이다.

바로 이런 원리를 알기 때문에 나는 다음과 같은 질문을 던졌다. 오늘날의 위험은 100년 전 또는 10년 내지 20년 전과 다르게 평가되어야 하지 않을까? 지금껏 위험이라 하면 우리는 개인이 감당해야 하거나 개인이 보험을 통해 해결해야 하는 것으로 인식해 왔다. 반면에 집단적 위험에 대한 보험, 일례로 교육 기회의 결핍과 같은 문제에 대해서는 국가가 사회보장을 통해 대처해 왔다. 그래서 양호한 교육 시스템을 구축하는 것은 무엇보다 국가가 할 과제라 생각했다. 대부분의 사람들에게 이것은 변함없는 진실처럼 받아들여지고 있다. 그러나 잠시 눈을 크게 뜨고 생각해 보자. 국가가 교육 문제나 사회보장 문제와 같은 거대한 과업을 과연 혼자서 책임지고 해낼 수 있을까? 지금까지는 몰라도 더는 그렇지 않다. 국가가 직면한 문제는 크게 두 가지로 요약할 수 있다. 하나는, 갈수록 국가가 감당해야 하는 과업은 증가하는 데 비해 그를 해결하기 위한 재원은 갈수록 모자란다는 점이다. 둘째는, 일정한 규모를 넘으면 국가 시스템 자체가 가진 관료주의적 특성이 갈수록 비효율성을 드러낸다는 것이다. 결국 이것은 왕성하게 일어나는 사회 혁신의 장애물로 작용하게 된다.

독일처럼 상대적으로 안정된 복지사회가 당면한 최대의 위험은 오늘날의 교육 시스템이 역동적으로 변하고 있는 세계 환경의 요구에 부응하기 어렵다는 점이다. 이러한 집단적 위험은 결코 직접적 당사자인 청소년들만의 문제, 즉 노동사회에서 자신이 살아갈 일자리를 찾기 어렵다는 문제에 그치지 않는다. 차라리 전체 사회가 역동성을 상실하고 갈수록 움츠려 들 수밖에 없는 문제라고 해야 한다. 그러니 갈수록 재원 조달의 원천도 줄어들고 사회적 갈등이나 긴장도 증가할 수밖에 없다. 이 모든 것의 사회적 비용 등등을 감안해 보라. 이 어찌 위험한 사태가 아닌가?

바로 이런 위험이 곧 집단적 위험이므로 전체 사회가 힘을 합쳐 같이 생각하고 같이 행동해야만 한다. 그리하여 제대로 된 해결책을 찾아 이러한 집단적 위험으로부터 우리 자신을, 우리 사회 전체를 보호해야 한다. 물론 사회 전체는 더 나은 국가적 해결책을 고민해야 하지만 그것만으로는 부족하다. 그래서 집단적 위험에 대한 보험을 특별한 방식으로, 즉 사회적이고도 경제적인 방식으로 절묘하게 해결해야 하는데, 이것을 집단적 보험 또는 연대 보험이라 할 수 있다. 오늘날 그런 새로운 방식의 연대 보험을 만들어야 한다는 요청이 갈수록 많아지고 있다. 그 핵심에는 물론 사회적 파급력, 사회적 혁신력이 깃들어 있어야 한다. 즉, 시대 상황에 잘 부합하면서도 사람들의 요구에도 잘 부응하고 나아가 가능한 한 문제 해결 측면에서 실효성도 높아야 한다.

그런데 한번 생각해 보자. 만일 최소한 단기적으로 무함마드 유누스 식의 소셜 비즈니스를 통한 해결책이 나오지 않는다면, 그리하여 경영적인 측면에서 어떤 자립적 해결책도 나오지 않는다면 과연 다른 방도가 있을 수 있을까? 만일 그라민과 다농 사이의 공동 사회사업과 같은 방식의 자립적인 해결책이라도 나오지 않는다면, 즉 순수한 사회적 기업과 전통적인 일반 기업 사이의 협력을 통한 해결책도 불가능한 상태라면 또 다른 형태의 해결책, 하다못해 '사회 혁신적 공동 사업체(Social Impact Joint Venture)'를 만들면 어떨까?

이런 개념을 굳이 사용하는 까닭은 새로운 사업 방식을 구상하기 위해서이다. 예컨대 우리는 전통적인 영리 기업과 공공선을 위해 운영되는 사업체 사이의 협력을 상상할 수 있다. 그리하여 양측이 가진 강점들을 절묘하게 결합하여 새롭고 강력한 사회 혁신적 사업체, 새로운 사회 발전의 지렛대로 만들 수 있을 것이다.

그렇다면 어떻게 이것을 일종의 연대 보험으로 만들어, 상당히 많은 사람이 경험하고 있는 교육적 결핍, 즉 일종의 집단적 위험에 올바로 대처할 수 있을까? 에르고 디렉트와 같은 회사는 고객의 수가 수백만 명에 이르며, 에르고 그룹 전체적으로는 수천만이다. 이런 고객들을 대상으로 어려움에 처한 수많은 학생을 위해 명예직 또는 자원봉사 직으로 학습 도우미나 자문에 응할 사람들을 쉽게 찾을 수 있을 것이다. 특히 공공선을 위해 활동하는 사업체가 하나 또는 복수의 파트너로 동참하면 일은 훨씬 더 쉬워진다. 그리 되면 공공선을 위해 활약하는 사업체는 에르고 고객 중 자원자들을 더욱 체계적으로 교육, 훈련시켜 어려움에 처한 학생들에게 좋은 동반자가 될 수 있을 것이다. 경우에 따라서는 명예직으로 일하는 자원봉사자들을 위해 전문가들을 불러 코칭 교육을 시킬 수도 있다. 이런 경우 에르고는 고객들에게 전문가 초청 비용을 충당하기 위한 최소한의 기부금을 성의껏 내도록 권유해 볼 수 있다.

물론 기부금이란 원래 사회사업 모델에 속하는 것이 아니다. 그러나 갈수록 기부금은 필요하고 그래서 대환영이다. 만일 우리가 자립 가능한 소셜 비즈니스 모델을 찾지 못하는 경우, 눈앞의 급박한 과제를 해결하는 데 있어 기부금은 상당한 의미를 띤다. 나아가 기부금은 여기서 말한 사회 혁신적 조인트 벤처(공동 사업)를 위해서는 일종의 새로운 '보험'이 될 수 있다. 집단적인 '연대 보험'이라는 의미에서 말이다. 물론 이것은 전통적인 의미의 개인 보험은 아니다. 그래서 작은따옴표라도 붙여 말하는 것이 좋을 듯하다. 그러나 다른 각도로 보면 이것은 또 다른 의미에서 엄연히 하나의 '보험'이다. 이것이 일종의 '단체 보험' 성격을 가지는 까닭은 전통적인 기업과 공공 사업체가 사회 혁신이라는 공동 목표를 위해 조인트 벤처, 즉 공동 사업을 벌이기 때문이다. 서로 위험을 막아 주면서 협동하기 때문에 연대 보험의 성격을 띤다. 만약 이러한 사회 혁신적 힘을 에르고 디렉트가 선구적으로 구현한다면, 그리고 이런 모델을 다른 기업이나 사업체들이 너도나도 따라 하게 된다면 이 사회 혁신적 공동 사업은 독일에서 수십만 또는 수백만 명의 사람들을 명예직으로 참여시켜 의미 있는 일을 할 수 있다. 게다가 에르고 그룹 전체적으로 이런 것이 잘 이루어진다면 그런 봉사자들을 전문적으로 교육시키거나 코치하는 데 들어가는 수억 유로의 돈도 어렵지 않게 마련할 수 있을 것이다.

요컨대 이 사회 혁신적 공동 사업은 소셜 비즈니스와 같은 것을 유럽 같은 사회에서도 구현 가능하게 한 시도로, 이는 실제로 할 수 있고 또 해야만 한다. 시대적 요청이기 때문이다.

그러나 이 책이 마무리될 무렵에도 에르고 그룹이나 에르고 디렉트가 의도한 사회 참여가 과연 어떤 모습을 띠게 될지 정확히 규정하기는 아직 어렵다. 그러나 이 보험회사의 참여와 더불어 노벨 평화상 수상자인 무함마드 유누스 총재의 전례 없는 추진력이 중부 유럽의 경우에도 잘 구현될 것이란 점은 분명하다. 물론 과연 이 돌파구가 사회 혁신적 공동 사업이나 사회사업, 또는 이 둘의 목적을 모두 달성할 수 있을지에 대해서는 아직 알 수 없다.

사회 혁신이 가져올
놀라운 결과를 확신하며

모든 혁신 과정, 그리고 특별한 사회적 혁신 과정에는 일정한 위험이
뒤따른다. 어떤 계획이나 야망도 첫 시도에 성공하기는 어렵다는 말이
다. 그러나 최근에 누적된 수많은 사회 혁신 사례나 사회적 기업가 정
신, 사회 혁신적 사업 등은 상당히 많은 희망을 주고 있다. 이 신선한 기
운이 독일만이 아니라 범지구적으로 마치 지금까지 생태(환경)운동이
그래 온 것처럼 엄청난 변화를 부를 것이다. 또, 지금 막 도래한 사회 혁
신의 시대는 이미 창조된 혁신적 해법들에 힘입어 과거 기술 혁신의 시
대 이상으로 놀라운 결과를 만들어 낼 것이다.

사회 혁신의 문화가 얼마나 빨리, 어떤 내용으로, 그리고 어떤 문제점
을 드러내며 어떤 해결책을 제시할지는 결국 우리 모두에게 달려 있다.
그러니 이 매혹적인 공동 창조의 새로운 세상을 열기 위해 각자의 조건
에 맞는 모든 시도를 해 보자. 그래야만 패러다임 전환의 결실을 개인
적으로나 사회 전체적으로 가능한 한 빨리 맛볼 수 있지 않을까?

참고 문헌

Alt, Franz: *Die Sonne schickt uns keine Rechnung. Neue Energie - neue Arbeitsplätze.* München 2005

Alt, Franz: *Sonnige Aussichten. Wie Klimaschutz zum Gewinn für alle wird.* Gütersloh 2008

Alt, Franz / Spiegel, Peter: *Gute Geschäfte. Humane Marktwirtschaft als Ausweg aus der Krise.* Berlin 2009

Alt, Franz / Gollmann, Rosi / Neudeck, Rupert: *Eine bessere Welt ist möglich. Ein Marshallplan für Arbeit, Entwicklung und Freiheit.* München 2005

Anderson, Chris: *The Long Tail. Nischenprodukte statt Massenmarkt. Das Geschäft der Zukunft.* München 2009

Annan, Kofi: *Brücken in die Zukunft. Ein Manifest für den Dialog der Kulturen.* Frankfurt/M. 2001

Beck, Ulrich: *Schöne neue Arbeitswelt. Vision: Weltbürgergesellschaft.* Frankfurt/M. 2007

Beck, Ulrich: *Weltrisikogesellschaft. Auf der Suche nach der verlorenen Sicherheit.* Frankfurt/M. 2007

Bergmann, Frithjof: *Die Freiheit leben.* Freiamt 2005

Bödeker, Sebastian / Moldenhauer, Oliver / Rubbel, Benedikt: *Wissensallmende. Gegen die Privatisierung des Wissens der Welt durch »geistige Eigentumsrechte«.* Hamburg 2005

Bolz, Norbert: *Profit für alle. Soziale Gerechtigkeit neu denken.* Hamburg 2009

Bornstein, David: *Die Welt verändern. Social Entrepreneurs und die Kraft neuer Ideen.* Stuttgart 2005

Bozesan, Mariana: *The Making of Consciousness Leader in Business. An Integral Approach.* San Francisco 2010

Brand, Jobst-Ulrich / Elflein, Christoph / Pawla, Carin / Ruzas, Stefan: *Die Moral-Macher. Erfolgreiche Manager mit Gewissen und was man von ihnen lernen kann.*

München 2010

Brown, Tim / Wyatt, Joyceline: Design Thinking for Social Innovation. *Stanford Social Innovation Review,* Winter 2010

Covey, Stephen R.: *The Speed of Trust. The One Thing that Changes Everything.* Detroit 2006

Csikszentmihalyi, Mihaly: *Flow. Das Geheimnis des Glücks.* Stuttgart 2002 de Soto, Hernando: *Freiheit für das Kapital! Warum der Kapitalismus nicht weltweit funktioniert. Mit einem Vorwort von Lothar Späth.* Berlin 2002

Diamond, Jared: *Kollaps. Warum Gesellschaften überleben oder untergehen.* Frankfurt/M. 2005

Druyen, Thomas: *Goldkinder. Die Welt des Vermögens.* Hamburg 2007

Dürr, Hans-Peter: *Auch die Wissenschaft spricht nur in Gleichnissen. Die neue Beziehung zwischen Religion und Naturwissenschaften.* Freiburg 2004

Elkington, John / Hartigan, Pamela: *The Power of Unreasonable People. How Social Entrepreneurs Create Markets That Change the World.* Foreword by *Klaus Schwab.* Boston 2008

Erhard, Ludwig: *Wohlstand für alle.* Nachdruck. München 2009

Faltin, Günter: *Kopf schlägt Kapital. Die ganz andere Art, ein Unternehmen zu gründen. Von der Lust, ein Entrepreneur zu sein.* Carl Hanser, München 2008

Felber, Christian: *Gemeinwohl-Ökonomie. Das Wirtschaftsmodell der Zukunft.* Wien 2010

Fischer, E. P. / Wiegandt, K. (Hrsg.): *Die Zukunft der Erde – was verträgt unser Planet noch?* Frankfurt/M. 2006

Florida, Richard: Reset. *Wie wir anders leben, arbeiten und eine neue Ära des Wohlstands begründen werden.* Frankfurt/M. 2010

Fransen, Boris; Scholten, Peter: *Handbuch für Sozialunternehmen.* Amsterdam 2008.

Freedman, David H.: *Falsch! Warum uns Experten täuschen und wie wir erkennen, wann wir ihnen nicht trauen sollten.* München 2010

Friedman, Thomas L.: *Die Welt ist flach. Eine kurze Geschichte des 21.*

Jahrhunderts. Frankfurt/M. 2006

Friedman, Thomas L.: *Was zu tun ist. Eine Agenda für das 21. Jahrhundert.* Frankfurt/M. 2008

Galbraith, J. K.: *Die Ökonomie des unschuldigen Betrugs - Vom Realitätsverlust der heutigen Wirtschaft.* München 2004

Gamper, Jwala; Gamper, Karl: *Es ist alles gesagt. Jetzt braucht es Beispiele. Wie schön Wirtschaft sein kann. 22 Unternehmer/innen setzen Zeichen.* Bielefeld 2007

Gege, Maximilian: *Unterwegs zu einem ökologischen Wirtschaftswunder.* Hamburg 2008

Genisis Institute: *Social Impact Business. 25 Beispiele für die Verbindung von ökonomischen und sozialen Zielen.* Berlin 2009

Genscher, Hans-Dietrich: *Die Chance der Deutschen.* München 2008

Giger, Andreas: *Visionen. Alles mögliche war einmal unmöglich. Spielend visionäres Denken lernen.* Frankfurt/M. 1992

Gladwell, Malcolm: *Der Tipping-Point. Wie kleine Dinge Großes bewirken können.* München 2007

Goeudevert, Daniel: *Das Seerosen-Prinzip. Wie uns die Gier ruiniert.* Köln 2008

Goleman, Daniel: *EQ. Emotionale Intelligenz.* München 1997

Goleman, Daniel: *Kreativität entdecken.* 3. Auflage. München 2003

Gore, Al: *Angriff auf die Vernunft.* München 2007

Gottwald, Franz-Theo / Fischler, Franz (Hrsg.): *Ernährung sichern - weltweit. Ökosoziale Gestaltungsperspektiven.* Hamburg 2007

Grassmann, Peter H.: *Plateau 3. Zukunft vererben. Werteregulierte Marktwirtschaft und Bürgerdemokratie.* Hamburg 2008

Hackenberg, Helga / Empter, Stefan (Hrsg.): *Social Entrepreneurship - Social Business: Für die Gesellschaft unternehmen.* Wiesbaden 2011

Händeler, Erik: *Die Geschichte der Zukunft. Sozialverhalten heute und der Wohlstand von morgen – Kondratieffs Globalsicht.* 8. Auflage. Moers 2011

Hardt, Michael / Negri, Antonio: *Common Wealth. Das Ende des Eigentums.*

Frankfurt/M. 2009

Härthe, Dieter (Hg.): *Senat der Wirtschaft - Denkanstöße 2012.* Bonn 2011

Herbig, Jost: *Im Anfang war das Wort. Die Evolution des Menschlichen.* München 1984

Heuser, Uwe Jean: *Humanomics. Die Entdeckung des Menschen in der Wirtschaft.* München 2008

Holzapfel, Jan / Lehmann, Tim / Spiecker, Matti: *Expedition Welt. Vom Abenteuer, sich zu engagieren.* München 2008

Horx, Matthias: *Anleitung zum Zukunftsoptimismus. Warum die Welt nicht schlechter wird. Ein Pamphlet gegen Untergangsideologien, Panikpublizisten, Apokalypsespießer und andere Angstgewinnler.* Frankfurt/M. 2007

Horx, Matthias: *Das Buch des Wandels. Wie Menschen Zukunft gestalten.* München 2009

Howaldt, Jürgen / Jacobsen, Heike: *Soziale Innovation. Auf dem Weg zu einem postmodernen Innovationsparadigma.* Wiesbaden 2010

Humberg, Kerstin: *Poverty Reduction through Social Business? Lessons learnt from Grameen Joint Ventures.* München 2011

Jackson, Tim: *Wohlsstand ohne Wachstum. Leben und Wirtschaften in einer endlichen Welt.* München 2011

Jähnke, Petra / Christmann, Gabriela B. / Balgar, Karsten (Hrsg.): *Social Entrepreneurship. Perspektiven für die Raumentwicklung.* Wiesbaden 2011

Jánszky, Sven Gábor / Jenzowsky, Stefan A.: *Rulebreaker. Wie Menschen denken, deren Ideen die Welt verändern.* Wien 2010

Karlberg, Michael: *Beyond the Culture of Contest. From Adversalialism to Mutualism in an Age of Interdependence.* Oxford 2004

Khanna, Parag: *Der Kampf um die Zweite Welt. Imperien und Einfluss in der neuen Weltordnung.* Berlin 2008

Koch, Hannes: *Soziale Kapitalisten. Vorbilder für eine gerechte Wirtschaft.* Berlin 2007

Koch-Weser, Maritta / Jacobs, Wim (Hrsg.): *Financing the Future.*

Innovative Funding Mechanisms at Work / Zukunft finanzieren. Innovative Finanzierungsinstrumente. Berlin 2007

Kretschmer, Winfried (Hg.): *Soziale Innovation. Die unbekannte Welt der Erneuerung. Dossier des Online-Mediums changeX.* eBook München 2011

Küng, Hans: *Anständig wirtschaften. Warum Ökonomie Moral braucht.* München 2010

Lakoff, George P.: *Don't Think of an Elephant! Know Your Values and Frame the Debate. The Essential Guide for Progressives.* White River Junction, Vermont, USA, 2004

Lakoff, George / Wehling, Elisabeth: *Auf leisen Sohlen ins Gehirn. Politische Sprache und ihre heimliche Macht.* 2., aktualisierte Auflage. 186 Seiten. Heidelberg 2009

Layard, Richard: *Die glückliche Gesellschaft. Kurswechsel für Politik und Wirtschaft.* Frankfurt/M. 2005

Lennick, Doug / Kiel, Fred: *Moral Intelligence. Wie Sie mit Werten und Prinzipien Ihren Geschäftserfolg steigern.* München 2006

Limberg, Axel: *Das Plankton-Manifest. Wie ein neuer Rohstoff die Welt verändern wird.* Hamburg 2007

Lovelock, James: *Gaias Rache. Warum sich die Erde wehrt.* München 2004

McCraw, Thomas: *Joseph A. Schumpeter. Eine Biographie.* Hamburg 2008

Meadows, Donella / Randers, Jorgen / Meadows, Dennis: *Grenzen des Wachstums. Das 30-Jahre-Update. Signal zum Kurswechsel.* Stuttgart 2006

Molla, Armin: *Social Business. Reverse Social Innovation analog zu dem Modell von Muhammad Yunus - Möglichkeiten und Grenzen für die deutsche Versicherungswirtschaft.* Master Thesis. Wiesbaden 2011

Monbiot, George: *United People. Manifest für eine neue Weltordnung.* München 2003

Münchau, W.: *Vorbeben. Was die globale Finanzkrise für uns bedeutet und wie wir uns retten können.* München 2008

Naisbitt, John: *Mindset! Wie wir die Zukunft entschlüsseln.* München 2006

Neirynck, Franz Josef: *Der göttliche Ingenieur. Die Evolution der Technik.* 3. Auflage. Renningen 1994

Nicholls, Alex (Hrsg.): *Social Entrepreneurship. New Models of Sustainable Social Change.* Oxford 2006

Pauli, Gunter: *Neues Wachstum. Wenn grüne Ideen nachhaltig »blau« werden. Die Zeri-Methodik als Startpunkt einer Blue Economy.* Berlin 2010

Pauli, Gunter: *Zen and the Art of Blue. Die Verbindung der eigenen Lebensqualität mit dem Blauen Planeten Erde.* Berlin 2011

Pauli, Gunter: *Upcycling. Wirtschaften nach dem Vorbild der Natur für mehr Arbeitsplätze und eine saubere Umwelt.* Vorwort von Ernst Ulrich von Weizsäcker. Nachwort von Fritjof Capra. München 1999

Pink, Daniel H.: *Unsere kreative Zukunft. Warum und wie wir unser Rechtshirnpotenzial entwickeln müssen.* München 2008.

Poostchi, Kambiz: *Spuren der Zukunft. Vom Systemdenken zur Teampraxis.* Berlin 2006

Prahalad, C. K.: *Der Reichtum der Dritten Welt. Armut bekämpfen - Wohlstand fördern - Würde bewahren.* München 2006

Prahalad. C. K. / Krishnan, M. S.: *Die Revolution der Innovation. Wertschöpfung durch neue Formen in der globalen Zusammenarbeit.* München 2009

Radermacher, Franz Josef: *Balance oder Zerstörung. Ökosoziale Marktwirtschaft als Schlüssel zu einer weltweiten nachhaltigen Entwicklung.* 4., vollst. überarbeitete Auflage. Wien 2005

Radermacher, Franz Josef: *Global Marshall Plan. Ein Planetary Contract. Für eine weltweite Ökosoziale Marktwirtschaft.* Hamburg 2004

Radermacher, Franz Josef / Beyers, Bert: *Welt mit Zukunft. Die Ökosoziale Perspektive.* 2., vollst. überarbeitete Auflage. Hamburg 2011

Rajan, Kaushik Sunder: *Biokapitalismus. Werte im postgenomischen Zeitalter.* Frankfurt/M. 2009

Rawls, John: *Eine Theorie der Gerechtigkeit.* Neuausgabe. Frankfurt/M. 2009

Reich, Robert: *Superkapitalismus. Wie die Weltwirtschaft unsere Demokratie untergräbt.* Frankfurt/M. 2008

Reitmeyer, Dieter: *Unternimm dein Leben. Als Lebensunternehmer zu neuem Erfolg.* München 2008

Riegel, Enja: *Schule kann gelingen! Wie unsere Kinder wirklich fürs Leben lernen.* Frankfurt/M. 2004

Rifkin, Jeremy: *Access. Das Verschwinden des Eigentums.* 3., erweiterte Auflage. Frankfurt/M. 2007

Rifkin, Jeremy: *Die empathische Zivilisation. Wege zu einem globalen Bewusstsein.* Frankfurt/M. 2010

Rifkin, Jeremy: *Der Europäische Traum. Die Vision einer leisen Supermacht.* Frankfurt/M. 2006

Ripsas, Sven: *Entrepreneurship als ökonomischer Prozess. Perspektiven zur Förderung unternehmerischen Handelns.* Wiesbaden 1997

Roubini, Nouriel / Mihm, Stephen: *Das Ende der Weltwirtschaft und ihre Zukunft. Crisis Economics.* Frankfurt/M. 2010

Rothkopf, David: *Die Super-Klasse. Die Welt der internationalen Machtelite.* München 2008

Sabet, Huschmand: *Globale Maßlosigkeit: Der (un)aufhaltbare Zusammenbruch des weltweiten Mittelstands.* Düsseldorf 2005

Sachs, Jeffrey D.: *Das Ende der Armut. Ein ökonomisches Programm für eine gerechtere Welt.* München 2005

Sachs, Jeffrey D.: *Wohlstand für viele. Globale Wirtschaftspolitik in Zeiten der ökologischen und sozialen Krise.* München 2008

Sachs, Wolfgang / Santorius, Tilman: *Fair Future. Begrenzte Ressourcen und globale Gerechtigkeit.* Herausgegeben vom Wuppertal Institut. 2. Auflage. München 2005

Schäfer, Ulrich: Der Crash. *Warum die entfesselte Marktwirtschaft scheiterte.* Frankfurt/M. 2009

Schäfer-Timpner, Petra: *Armut gehört ins Museum! Jugend im Gespräch mit Muhammad Yunus.* Mit Fotos von Roger Richter. Berlin 2009

Scheer, Hermann: *Energieautonomie. Eine neue Politik für erneuerbare Energien.* München 2005

Schumann, Harald / Grefe, Christiane: *Der globale Countdown. Gerechtigkeit oder Selbstzerstörung - Die Zukunft der Globalisierung.* Köln 2008

Schumpeter, Joseph: *Theorie der wirtschaftlichen Entwicklung.* 12. Auflage. Berlin 1993

Sen, Amartya: *Die Idee der Gerechtigkeit.* München 2010

Sen, Amartya: *Ökonomie für den Menschen. Wege zur Gerechtigkeit und Solidarität in der Marktwirtschaft.* 3. Auflage. München 2005

Senge, Peter M.: *Die fünfte Disziplin.* Stuttgart 2001

Simon, Hermann: *Hidden Champions des 21. Jahrhunderts. Die erfolgsstrategien unbekannter Weltmarktführer.* Frankfurt/M. 2007

Sloterdijk, Peter: *Im Weltinnenraum des Kapitals.* Frankfurt/M. 2005

Smith, Adam: *Der Wohlstand der Nationen.* Nachdruck. München 2003

Solte, Dirk: *Weltfinanzsystem am Limit. Einblicke in den »Heiligen Gral« der Globalisierung.* Berlin 2008

Solte, Dirk: *Weltfinanzsystem in Balance. Die Krise als Chance für eine nachhaltige Zukunft.* Berlin 2009

Soros, George: *Das Ende der Finanzmärkte - und deren Zukunft. Die heutige Finanzkrise und was sie bedeutet.* München 2008

Spiegel, Peter: *Eine humane Weltwirtschaft. Erfolgsfaktor Mensch.* Vorwort von Ernst Ulrich von Weizsäcker. Nachwort von Franz Josef Radermacher. Düsseldorf 2007

Spiegel, Peter: *Muhammad Yunus - Banker der Armen.* 4. Auflage. Freiburg/Br. 2008

Spiegel, Peter / Richter, Roger: *The Power of Dignity - Die Kraft der Würde. The Grameen Family.* Herausgegeben von Hans Reitz. Mit einem Vorwort von Muhammad Yunus. Bielefeld 2008

Spiegel, Peter / Quarch, Christoph / Lechner, Silke / Dettweiler, Ulrich (Hrsg.): *Die Macht der Würde. Globalisierung neu denken.* Gütersloh 2007

Spiegel, Peter: *Das Terra-Prinzip. Das Ende der Ohnmacht in Sicht. Wirtschaftler werden Revolutionäre.* Vorwort von Ervin Laszlo. Stuttgart 1996

Spiegel, Peter: It's the economy, dear! In: *Anders arbeiten*. München 2011

Stefanska, Joanna / Hafenmyer, Wolfgang: *Die Zukunftsmacher. Eine Reise zu Menschen, die die Welt verändern - und was Sie von ihnen lernen können*. Mit einem Essay von Muhammad Yunus. München 2007

Steffen, Alex (Hrsg.): *World Changing. Das Handbuch der Ideen für eine bessere Zukunft*. Hamburg 2008

Steinbrück, Peer: *Unterm Strich*. Hamburg 2010

Steingart, Gabor: *Weltkrieg um Wohlstand. Wie Macht und Reichtum neu verteilt werden*. München 2006

Stiglitz, Joseph E.: *Im freien Fall. Vom Versagen der Märkte zur Neuordnung der Weltwirtschaft*. Berlin 2010

Stiglitz, Joseph E.: *Die Chancen der Globalisierung*. Berlin 2006

Stiglitz, Joseph E.: *Die Schatten der Globalisierung*. Berlin 2002

Stiglitz, J. E. / Charlton A.: *Fair Trade - Agenda für einen fairen Welthandel*. Hamburg 2006

Streich, Jürgen: *Vorbilder. Menschen und Projekte, die hoffen lassen. Der Alternative Nobelpreis*. Vorwort von Ricardo Diez-Hochleitner. Bielefeld 2006

Taleb, Nassim Nicholas: *Der Schwarze Schwan. Die Macht höchst unwahrscheinlicher Ereignisse*. München 2007

Vaihinger, Hans: *Die Philosophie des Als Ob. System der theoretischen, praktischen und religiösen Fiktionen der Menschheit aufgrund eines idealistischen Positivismus*. Nachdruck. Saarbrücken 2007

Veken, Dominic: *Ab jetzt Begeisterung. Die Zukunft gehört den Idealisten*. Hamburg 2009

von Weizsäcker, Ernst Ulrich / Lovins, Amory B.: *Faktor Vier. Doppelter Wohlstand, halbierter Naturverbrauch*. München 1995

von Weizsäcker, Ernst Ulrich / Hargroves, Karlson / Smith, Michael: *Faktor Fünf. Die Formel für nachhaltiges Wachstum*. München 2010

Weber, Andreas: *Biokapital. Die Versöhnung von Ökonomie, Natur und Menschlichkeit*. Berlin 2008

Weltweite Projekte der Expo 2000 - *Projects Around the World.* Zwei Bände. Expo Hannover (Hrsg.). Hannover 2000

Werner, Götz W.: *Einkommen für alle. Der dm-Chef über die Machbarkeit des bedingungslosen Grundeinkommens.* Köln 2007

Wicke, Lutz / Spiegel, Peter / Wicke-Thüs, Inga: *Kyoto PLUS - So gelingt die Klimawende. Sichere Energieversorgung plus globale Gerechtigkeit.* Mit einem Vorwort von Klaus Töpfer. München 2006

Williams, Anthony D. / Tampscott, Don: *Wikinomics. Die Revolution im Netz.* München 2007

Yunus, Muhammad: *Die Armut besiegen. Das Programm des Friedensnobelpreisträgers.* München 2008

Yunus, Muhammad: *Grameen. Eine Bank für die Armen der Welt.* Bergisch-Gladbach 1997

Yunus, Muhammad: *Social Business. Von der Vision zur Tat.* München 2010

Zahrnt, Valentin: *Die Zukunft globalen Regierens. Herausforderungen und Reformen am Beispiel der Welthandelsorganisation.* Stuttgart 2005

Zervas, Georgios: *Global Fair Trade. Transparenz im Welthandel.* Düsseldorf 2008

Ziegler, Jean: Das *Imperium der Schande. Der Kampf gegen Armut und Unterdrückung.* München 2005

❖ 참고할 만한 웹 사이트

글로벌 기업가 www.global-entrepreneurs.org

비전 서밋 www.visionsummit.org

테라 www.terranetwork.org

경제 원로 회의 www.senat-der-wirtschaft.de

감사의 말

만약 내가 이 책을 쓰는 데 직간접적으로 도움을 받았던 사람의 이름을 일일이 거론한다면 분명히 오류를 범하고 말 것이다. 본의 아니게 상당히 많은 사람이 누락될 것이기 때문이다. 많은 분들이 가치 있는 영감을 주었고 눈에 보이지 않는 지원도 아끼지 않았는데 말이다. 만일 이 책의 집필과 출간에 도움이 되었던 모든 사람을 모은다면 아마 수백 명은 될 것이다. 여러 해 동안 나는 다행스럽게도 세상의 훌륭한 사람들과 개인적으로 만날 수 있었다. 그들과 교환했던 아이디어, 숱한 프로젝트, 그 기본 아이디어와 추진력 같은 것에 놀라지 않을 수 없었다. 그래서 나는 어떻게 이 모든 사람에게 충분히 감사할 수 있을지 모르겠다. 누구든 이 책을 읽고 뭔가 좋은 것을 발견한다면 그것은 내 생각의 일부일 뿐 아니라 나에게 도움을 준 사람들과 주고받은 것의 일부임을 기억하기 바랄 뿐이다.

지은이 페터 슈피겔 Peter Spiegel

1953년에 태어나 독일 레겐스부르크 대학교에서 사회학을 공부했다. 현재 독일 베를린에 있는
'사회 혁신 및 전략 연구소 제너시스'의 소장으로 일하고 있다. 1994년에 사회적 혁신과 경제적
성과를 동시에 달성한다는 목표 아래 '테라'라는 비정부기구를 창립한 뒤, 사람들의 발상을 전환하고
사회적 기업가들을 길러 냄으로써 더 나은 세상을 만들고자 힘쓰고 있다. 《에듀액션-새로운 학교》,
《무함마드 유누스-가난 없는 세상을 꿈꾸는 은행가》, 《글로벌 임팩트-범지구적 책임성을
위하여》, 《모범 기업들-위기를 벗어나는 인간적 시장경제》 등을 썼다.

옮긴이 강수돌

서울대학교 경영학과에서 학사 및 석사 과정을 마친 뒤 독일 브레멘 대학교에서 노사 관계를
연구하여 박사 학위를 받았다. 현재 고려대학교 세종캠퍼스 경영학부 교수이다. 어떻게 하면
사람들이 즐겁게 일하고 행복하게 살 수 있을지를 화두로 삼아 경영학을 연구하고 있다.
특히 '노동-교육-경제-생명'의 문제를 같이 풀어야 답이 나온다고 믿는다. 《작은 경제학자를 위한
자본주의 교과서》, 《시속 12킬로미터의 행복》, 《자본을 넘어, 노동을 넘어》, 《살림의 경제학》,
《지구를 구하는 경제책》 등을 썼고 《글로벌 슬럼프》와 《세계화의 덫》 외 여러 책을 우리말로 옮겼다.

더 나은 세상을 여는 대안 경영

처음 찍은 날 | 2012년 11월 20일
처음 펴낸 날 | 2012년 12월 1일

지은이 | 페터 슈피겔
옮긴이 | 강수돌

펴낸이 | 김태진
펴낸곳 | 다섯수레
등록번호 | 제 3-213호
등록일자 | 1988년 10월 13일
주소 | 경기도 파주시 문발동 파주출판도시
　　　500-12 (우 413-832)
전화 | 02)3142-6611 (서울 사무소)
팩스 | 02)3142-6615
홈페이지 | www.daseossure.co.kr

제판 | (주)한국커뮤니케이션
인쇄 | (주)상지사 P&B

ⓒ 다섯수레 2012

ISBN 978-89-7478-371-6 03320

이 도서의 국립중앙도서관 출판시도서목록(CIP)은 e-CIP홈페이지(http://www.nl.go.kr/ecip)와
국가자료공동목록시스템(http://www.nl.go.kr/kolisnet)에서
이용하실 수 있습니다.(CIP제어번호: CIP2012005178)